Sebastian Mößmer

Hochfürstlich-Freysingischer Hof- und Kirchenkalender

Auf das Jahr nach der gnadenreichen Geburt Jesu Christi M.DCC.LXXX

Sebastian Mößmer

Hochfürstlich-Freysingischer Hof- und Kirchenkalender
Auf das Jahr nach der gnadenreichen Geburt Jesu Christi M.DCC.LXXX

ISBN/EAN: 9783743658547

Hergestellt in Europa, USA, Kanada, Australien, Japan

Cover: Foto ©ninafisch / pixelio.de

Weitere Bücher finden Sie auf **www.hansebooks.com**

Hochfürstl-
Freysingischer Hof- und
Stiftskalender

auf das Jahr
nach der gnadenreichen Geburt
JEsu Christi
M. DCC. LXXX.

In welchem
die Kirchenfeste, und Galatäge, ordentliche Succeßion der Freysing. Bischöfe.
SCHEMATISMUS
der Hochfürstl. Bischöfl. Freysingischen Kirchen, der hohen Dom- und andern Nebenstiftern: Sämmtliche Hofstäbe, die Hochfürstl. geheime Räthe, dann die übrige Hochfürstl. Raths-Collegia, mit beygefügter Beschreibung der in dieser Diöceß sich befindenden Aebten, Abtißinnen und Klöstern, sammt den Dechanteyen, Kammereyen, und dem Alphabet nach gesetzten Pfarren dann Beneficien.
Mit Sr. Hochfürstl. Gnaden Bischofen zu Freysing gnädigst ertheilten Privilegio.

Verlegt, und zu finden bey Andreas Volk, Hofcurier.

****

Freysing, gedruckt bey Sebastian Mößmer, Hochfl. Hof- und Lyceischen Buchdrucker.

In diesem Schaltjahr nach der gnadenreichen Geburt unsers HErrn und Seeligmachers JEsu Christi zählet man 1780.

Von dem heiligen Maximiliano Bischofen zu Lorch zum erstenmal verkündigten Wort GOttes in dieser Gegend. 274. ⸻ ⸻ 1506.

Von dem heiligen Corbiniano errichteten Bißthum Freysing zu einem bischöflichen Sitz, und Würde einer Kathedralkirche. 728. ⸻ 1052.

Von Jhro Hochfürstlichen Gnaden LUDWIG JOSEPH unsers gnädigsten Landesfürsten und Herrn Herrn hohen Geburtstage, so den 11. May 1727. erfolget. ⸻ ⸻ 53.

Von der dem 23. Jänner 1769. beschehenen einhelligen Wahle Seiner Hochfürstl. Gnaden zu dem Bißthum Freysing. ⸻ ⸻ 11.

Ge-

Gewöhnliche Kirchenrechnung.

In welchem ist die goldene Zahl • • 14.
Der Sonnenzirkel • • • • • 25.
Epacta, oder Mondszeiger • • • XXIII.
Der Römer Zinnszahl • • • • • 13.
Der Sonntagsbuchstabe • • • B, A.
Zwischen Weihnachten und Herrnfaßnacht sind 6 Wochen, 3 Tage.

Die vier Quatember.

Den 16. 18. und 19. Februarii.
Den 17. 19. und 20. May.
Den 20. 22. und 23. September.
Den 20. 22. und 23. December.

Von Sonn- und Mondsfinsternissen.

Finsternissen haben wir im gegenwärtigen Schaltjahr zu gewarten 4, als nämlich 2 an der Sonne, und 2 an dem Monde. Die erste ist eine unsichtbare Sonnenfinsterniß, und ereignet sich den 4 May. Die zweyte ist eine unsichtbare Mondsfinsterniß, und begiebt sich den 18 May um 11 U. 58 m. fr. ist gleichfalls in unserm Europa unsichtbar. Die dritte ist wiederum eine unsichtbare Sonnenfinsterniß, und geschiehet den 27 Oct. die vierte und letzte Finsterniß ist eine sichtbare Mondsfinsterniß den 12 Nov. der Anfang ereignet sich um 3 U. 58 m. fr. die völlige Verfinsterung um 5 U. 23 m. das Ende um 6 U. 48 m. die Größe kömmt auf 7 Zoll 19 m. südlich zu sehen.

JANURRIUS.

Samſt.	1 a Neu Jahr.		

V. der Flucht in Egypt. M. 2.

Sont.	2 b Macarius.
Mont.	3 c Genovefa.
Dienſt.	4 d Titus Biſch.
Mitw.	5 e Telesphorus
Donn.	6 f H. 3. Kön. ● 5 N
Freytag	7 g Julianus.
Samſt.	8 a Erhardus.

Da Jeſ. 12 Jahr alt. Luc. 2.

Sont.	9 b 1. Marcell.
Mont.	10 c Pauli Einſ.
Dienſt.	11 d Hyginus P.
Mitw.	12 e Erneſtus.
Donn.	13 f Hilarius.
Freytag	14 g Malach. ☽ 9. N.
Samſt.	15 a Maurus.

V. der Hochzeit zu Kana. J. 2.

Sont.	16 b 2. Nam. Jeſ.
Mont.	17 c Anton. Abt.
Dienſt.	18 d Priſca J. M.
Mitw.	19 e Fulgentius.
Donn.	20 f Fab. u. Seb.
Freytag	21 g Agnes. ● 7. N.
Samſt.	22 a Vincentius.

V. dem Weinberg. Mtth. 20.

Sont.	23 b Sept. M. Bes.
Mont.	24 c Timotheus.
Dienſt.	25 d Paul Bekeh.
Mitw.	26 e Polycarpus.
Donn.	27 f Joh. Chryſ.
Freytag	28 g Cyrillus. ☾ 5 N
Samſt.	29 a Franc. Sal.

Von vielerley Aeckern. L. 8.

| Sont. | 30 b Serges. |
| Mont. | 31 c Peter Nolaſc. |

Die Monds-brüche in dieſem Monat.

○

Den 6. dieſes entzündet ſich das Neulicht um 5 U. 50 m. N. temperirte Kälte..

☽

Den 14. fallet ein das erſte Viertel um 9 U. 56 m. N. große Kälte, am Ende Wind.

●

Den 21. dieß tritt ein der Vollmond um 7 U. 40. m. N. iſt unbeſtändig und windig.

☾

Den 28. zeiget ſich das lezte Viertel um 0 U. 5 m. N. unfreundliche Witterung.

✻ ✻
✻ ✻ ✻

GOtt laß uns den Anfang und End wohl beſchließen,
Und unſeren Leſern viel Segen genießen.

Hof- und Kirchenfeste im Jänner.

Den 1ten ist Gala und Festum Reverendissimi, und Sr. Hochfürstl. Gnaden ꝛc. ꝛc. geruhen um 8 Uhr aus Dero Audienzzimmer und zweyen Antichambers unter Vortragung des Kreuzes, und Vorhergehung aller Herrn Ministern, Hofkavalieren, Truchseß, dann Hof- und Kammerräthen, auch beederseitiger Paradirung der Leibgarde Trabanten, in die hohe Domkirche sich zu verfügen, und allda der Predig, so der P. Hof- und Domprediger haltet, beyzuwohnen, nach vollendeter Predig begeben sich Se. Hochfürstl. Gnaden unter oben gemeldter Corteggirung in die hohe Domkirche über die große Stiegen hinab, wo Höchstselbe von einem hochwürdigen Domkapitel empfangen, und von Titl Herrn Domprobsten das Weihwasser gereichet, von einem Titl Herrn Canonico Domicellario das Kreuz vom Hrn. Hofkaplan übernommen, sodann nach geschehener Adoration des heiligsten Altarssacrament, zu Celebrirung des Hochamts geschritten wird, wobey Titl. Herr Domdechant, und vier Herrn Domkapitularen assistiren, bey solchen hohen Festen überreichen Sr. Hochfürstl. Gnaden ꝛc. ꝛc. Titl. Herr Obriststallmeister das Serviet, und Titl. Herr Obristjägermeister das Lavor mit dem Handwasser. Nach geendigten Hochamt geruhen Sr. Hochfürstl. Gnaden ꝛc. ꝛc. dem anwesenden Volk den bischöflichen Segen samt einem Ablaß auf 40 Täge mildest zu ertheilen, und demnach in eben jener Ordnung wiederum zuruck zu gehen, in welcher Höchstselbe gekommen. Dieses Ceremoniel wird bey jedem Festo Reverendissimi, wenn Se. Hochfürstl. Gnaden ꝛc. ꝛc. in höchster Person pontificiren, beobachtet.

Zu allen Tägen des ganzen Jahrs wird in der hohen Domkirche um 6. Uhr auf unser lieben Frauen Altar bey ausgesetzten hochwürdigen Gut im Ciborio die gestifte Frühmeß gelesen, wobey vier heilige Segen gegeben werden.

Item in dem Collegiatstift St. Joh. Bapt. welche auch die Hofkirche ist, wird täglich Nachmittag der marianische Rosenkranz, nebst der Lauretanischen Litaney vor ausgesetzten hochwürdigen Gut, und Gebung zweyer heiligen Segen laut abgebethet. Eodem und an allen Samstägen durchs ganze Jahr wird in der Altenöttinger Kapellen der heil. Rosenkranz laut abgebethet, und können jederzeit 100 Täge Ablaß gewonnen werden.

Den 2ten als am ersten Sonntag jeden Monats ist im Kloster Weihenstephan Nachmittag um 1 Uhr Predig, Litaney und Procession, mit vollkommenen Ablaß.

Den 6ten als am Fest der heil. drey Königen ist Festum Suffraganei, und pflegen Se. Hochfürstl. Gnaden ꝛc. ꝛc. um 8 Uhr der Predig, und nach Endigung derselben dem Hochamt beyzuwohnen.

Eodem

Eodem an allen Donnerstägen durch das ganze Jahr wird in der hohen Domkirche die Corporis Christi Proceßion, und das darauf folgende Hochamt gehalten, Se. Hochfürstl. Gnaden ꝛc. ꝛc. belieben unter Vortragung des Kreuzes das allerheiligste Sacrament mit samtlichen Corteggio zu begleiten, der Himmel wird von vier Hochfürstl. Herrn Räthen getragen, diese löbliche Andacht wird durch die bürgerliche Zünften mit den auf ihren Stangen aufgesteckten Wachslichtern in Ordnung voraus gezieret.

Den 9ten als am zweyten Sonntag jeden Monats ist Seelenablaß in dem Collegiatstift St. Andreä.

Allezeit der dritte Sonntag im Monat wird im Kloster Neustift um 1 Uhr mit Predig und Umgang, dann vollkommenen Ablaß begangen.

Jeden vierten Sonntag ist bey W. E. P.P. Francischern General-Communion und vollkommener Ablaß.

Den 20ten als am Fest der heiligen Fabiani und Sebastiani nimmt die von Sr. Hochfürstl. Gnaden ꝛc. ꝛc. zu Ehren des heiligen Francisci Salesii in dem Collegiatstift St. Johann Bapt. verordnete Noven ihren Anfang mit vollkommenen Ablaß.

Den 23ten wird wegen den höchstbeglückten Wahltag Sr. Hochfürstl. Gnaden ꝛc. ꝛc. unsers gnädigsten Landesfürsten und Herrn Herrn das Hochamt um 10 Uhr von Titl. Herrn Weihbischof im Dom gehalten, wobey gesammter Hofstaat zu erscheinen hat.

Den 27ten fallet das Fest der Erfindung des heiligen Nonnosi Abtens ein, und wird auf dessen Altar in der hohen Domkirche in der Kruft von den P. P. Benedictinern aus dem hochfürstlichen Lyceum ein solennes Hochamt gehalten.

Den 29ten wird in dem Collegiatstift St. Johann Bapt. die Noven des heiligen Francisci Salesii mit Predig und Hochamt, dann vollkommenen Ablaß beschlossen.

FE-

FEBRUARIUS.

Dienst.	1 d Ignatio M.	
Mitw.	2 e Maria Licht	
Donn.	3 f Blasius Bi.	
Freytag	4 g AndreasCor.	
Samst.	5 a Agatha. ● 1.N.	

Vom Blind. am Weeg L. 18

Sont.	6 B. Quinq. Faßn.
Mont.	7 c Romualdus
Dienst.	8 d Aller Faßn.
Mitw.	9 e ✞. Ascherm.
Donn.	10 f Wilh. Scol.
Freytag	11 g Euphrosina.
Samst.	12 a Eulalia J.

V. der Versuch. Christi. M. 4

Sont.	13 Bl. Invoc.
Mont.	14 c Valentinus.
Dienst.	15 d Faustin. M.
Mitw.	16 e ✞. Quatemb
Donn.	17 f Donatus.
Freytag	18 g ✞. Simeon.
Samst.	19 a ✞. Mansuet.

V. der Verklär. Christ. M. 17

Sont.	20 B 2. Remin. ● 5 fr.
Mont.	21 c Eleonora.
Dienst.	22 d Petri Stulf.
Mitw.	23 e Marg. Cort.
Donn.	24 f Schalttag.
Freytag	25 f Mathias Ap.
Samst.	26 g Walburga.

Jesus treibt einen Teuf. L 11

Sont.	27 A 3. Ocult. ☽ 3. fr
Mont.	28 b Leander Bis.
Dienst.	29 c Romanus.

Die Monds-brüche in diesem Monat.

○

Den 5. dieß zeigt sich das Neulicht um 1 U. 14 m. N. wird kalt, heiter, trocken.

☽

Den 13 haben wir das erste Viertel um 1 U. 25 m. N. durchgehends kalte, aber schöne Witterung.

●

Den 20 ereignet sich das volle Licht um 5 U. 48 m. fr. mit häufigen Schneegestöber.

☾

Den 27 geht ein das letzte Viertel um 3 U. 21. m. fr. die Kälte wächst, und nimmt wieder ab.

Die Welt sucht sich noch mehr ganz närrisch zu verkleiden,
Und hält Betrachtungen beym ausgeleerten Beutel.

Hof- und Kirchenfeste im Februarius.

Den 2ten als am Fest Maria Lichtmeß ist Festum Suffraganei, und um halb 9 Uhr in der hohen Domkirche die Wachsweihe, Ihro Hochfürstl. Gnaden ꝛc. ꝛc. werden zu solcher mit Vortragung des Kreuzes, und gesammten Hofstaat durch Dero Oratorio herab corteggiret, wo sodann Höchstdieselben einem hochwürdigen Domkapitul, der im Chor anwesenden Clerisey, Herrn Herrn Ministern und Hofstaat die geweihte Kerzen austheilen, und nach der hierauf folgenden Prozeßion dem Hochamt in Dero Oratorio beywohnen.

Den 6ten, 7ten und 8ten als an den drey Faschingstägen ist bey den PP. Franciscanern das 40-stündige Gebeth bey ausgesetzten allerheiligsten Altarssacrament, wird jeden Tag frühe um 4 Uhr ausgesetzt, und Abends um 8 Uhr mit der Lauretanischen Litaney und zweyen heiligen Segen beschlossen.

Den 9ten dieß wird in der Frühe um 9 Uhr in der hohen Domkirche die Aschenweihe von Titl. Herrn Weihbischof vorgenommen, sodann das Hochamt gehalten, Se. Hochfürstl. Gnaden ꝛc. ꝛc. belieben nach gelesener heiligen Meß Dero sammtliches Corteggio einzuäschern.

Den 10ten und an allen Donnerstägen in der Fasten ist bey den PP. Franciscanern um
4 Uhr

4 Uhr der Oelberg mit dem Miserere, Predig und 3 Angstfällen Christi, Se. Hochfürstl. Gnaden ꝛc. ꝛc. werden zu solchen mit sammtlichen Corteggio allzeit dazu begleitet.

Den 11ten und an allen Freytägen in der Fasten ist im Kloster Neustift um 3 Uhr Nachmittag die Paßionpredig, und bey ausgesetzten hochwürdigen Gut das Miserere.

Den 13ten und an allen Sonn= und Feyertägen wird in der Stadtpfarrkirche St. Georgen um 4 Uhr Abends das Exempel mit dem Miserere gehalten, Se. Hochfürstl. Gnaden ꝛc. ꝛc. pflegen auch darbey zu erscheinen.

MARTIUS.

MARTIUS

Mitw.	1 d Albinus Bi.	
Donn.	2 e Simplicius	
Freytag	3 f Kunegund.	
Samst.	4 g Casimir Kö.	

V. Speis. 5000 Mann Joh 6

Sonl.	5 A 4. Lätare.	
Mont.	6 b Coleta J. 7fr.	
Dienst	7 c Thomas Aq	
Mitw.	8 d Joh. de Deo	
Donn.	9 e Franc. Rom	
Freytag	10 f 40 Martyrer	
Samst.	11 g Rosina J.	

Jud. woll. Jes. steinigen. J. 8

Sont.	12 A 5. Judica.	
Mont.	13 b Euphrasia	
Dienst.	14 c Mathild:B. Dofr	
Mitw.	15 d Longinus.	
Donn.	16 e Heribertus.	
Freytag	17 f Mar. 7. Sch	
Samst.	18 g Cirillus.	

V. Einritt Christi Matth. 21

Sont.	19 A 6. Palm. Joseph	
Mont.	20 b Nicetas R.	
Dienst.	21 c Benedictus.	
Mitw.	22 d Fidelis.	
Donn.	23 e Gründonner	
Freytag	24 f Chorfreytag.	
Samst.	25 g Chorsamstag	

V. der Auferstch. Chr. Mc 16

Sont.	26 A H. Ostertag	
Mont.	27 b Ostermont	
Dienst.	28 c Guntramus	
Mitw.	29 d Ludolphus.	
Donn.	30 e Quirinus.	
Freytag	31 f Balbina.	

Die Monds-
brüche in diesem
Monat.

○

Den 6 dieß entzündet sich das Neulicht um 7 U. 35 min. fr. Schnee mit Sonnenschein.

☽

Den 14 begiebt sich das erste Viertel um 0 U 51. m. fr. feucht und trübe Witterung

●

Den 20. entstehet der Vollmond um 3 U. 21 m. N. deutet auf milde und feine Tage.

☾

Den 27. stellet sich ein das letzte Viertel um 8 U. 27 m. N. giebt nasses und verdrüßliches Wetter.

Wo Grad und Ungrad Urtheil spricht,
Braucht man kein Corpus Juris nicht.

Hof= und Kirchenfeste im Martius.

Den 19 als am Palmsonntag ist um halb 9 Uhr die gewöhnliche Palmweihe, Ihro Hochfürstl.Gnaden 2c.2c. werden zu solcher mit Vortragung des Kreuzes, und gesammten Hofstaat in den Dom begleitet, wohnen allda mit einem hochwürdigen Domkapitul der Palmweihe und Prozißion bey. Nach Vollendung dessen verfügen sich Höchstdieselben in Dero Oratorii und wohnen dem Hochamt bey. Eodem wird in dem Collegiatstift St. Veit das Fest des heiligen Joseph feyerlichst celebriret, Sc.Hochfürstl. Gnaden 2c. 2c. belieben allda einer heiligen Meß beyzuwohnen.

Item nimmt bey den PP. Franciscanern das 40=stündige Gebeth von 8 Uhr Morgens ihren Anfang, und werden täglich 4 Exhortationen gehalten, wobey das hochfürstl. Liceum, alle Bruderschaften und gesammte Inwohner nach den ausgetheilten Stunden ihre Andacht Abwechslungsweise verrichten, Abends um 7 Uhr wird solche mit dem heil. Rosenkranz beschlossen.

Den 20ten wird die hochlöbl. Andacht um 4 Uhr Frühe anfangen, und bis 7 Uhr Abends fortgesetzt, auch lassen sich Ihro Hochfürstliche Gnaden 2c. 2c. belieben gemeiniglich auf dem Hochaltar bey ausgesetzten Sacrament in gewöhnlicher Bedienung die heil.Meß zu lesen.

Den 21ten fangt abermal die Andacht Früh um 4 Uhr an, und endet sich um 6 Uhr Abends
mit

mit dem Miserere und Exhortation, Se. Hochfl. Gnaden ꝛc. ꝛc. wohnen allda mit einem hochwürdigen Domkapitul, dann gesammten Hofstatt der Proceßion und 40stündigen Gebeth bey.

Den 22ten Nachmittag um 5 Uhr ist in der hohen Domkirche die erste stille Metten, welche Se. Hochfürstl. Gnaden ꝛc. ꝛc. in höchster Person mit gewöhnlicher Bedienung zu halten sich gnädigst belieben lassen.

Den 23ten als am Grünendonnerstag ist Festum Reverendissimi, und Se. Hochfürstl. Gnaden ꝛc. ꝛc. geruhen in Begleitung des ganzen Hofstaats, und in Vortragung des Kreuzes sich gegen halb 8 Uhr. in die hohe Domkirche zu Celebrirung des Hochamts zu verfügen, benediciren unter solchem das Chrisma Oleum Cathecumenorum & Infirmorum, nach diesen Ceremonien ist die große Communion, allwo aus den Händen Sr. Hochfürstl. Gnaden ꝛc. ꝛc. ein hochwürdiges Domkapitel, die ganze Domklerisey, die. in langen weißen Röcken gekleidete 12 arme Männer, dann die anwesende hochfürstl. Herrn Minister, Hofkavalier, Truchseß, Hof- und Kammerräthen die heilige Hostie empfangen, nach geendigtem Hochamt belieben Sr. Hochfürstl. Gnaden ꝛc. ꝛc. das Sanctissimum in die dazu bereite Kapellen proceßionaliter einzusetzen, hören darauf die Predig des P. Hof- und Dompredigers an, waschen nachdem den 12 armen Männern die Füße, reichen denselben in Dero hochfürstl. Residenz Speis, Trank und Schankung, bey welchem Act auch ein Hochwürdiges Domkapitel und Herrn Hofkavaliers

kavaliers erscheinen. Nachmittag um 5 Uhr wird die zweyte stille Metten von Titl. Herrn Domprobst gehalten.

Den 24ten als am Chorfreytage nimmt Morgens um 6 Uhr in der hohen Domkirche die Paßionpredig ihren Anfang, und endet sich gemeiniglich gegen halb 8 Uhr, um 8 Uhr verfügen sich Se. Hochfürstliche Gnaden ꝛc. ꝛc. in Begleitung des ganzen Hofstaats in gemeldte hohe Domkirche, wohnen allda den von Titl. Herrn Domdechant haltenden Kirchenceremonien bey, und begleiten nach diesem unter gewöhnlicher Corteggirung das Sanctissimum zum heil. Grabe. Nachmittag lassen Höchstdieselben sich belieben in Vortrettung des Hofstaats, und in Begleitung der Herrn Herrn Domkapitularen die 9 heilige Gräber zu besuchen, und demnach die gewöhnliche Chorfreytags-Proceßion in höchsten Augenschein zu nehmen, Abends um 6 Uhr wird die dritte stille Metten von Titl. Herrn Domdechant gehalten.

Eodem nach geendigter Metten gegen 7 Uhr wird aus gnädigster Verordnung Sr. Hochfl. Gnaden ꝛc. ꝛc. bey dem heiligen Grabe Musik gehalten, nach Ende dieser nehmen daselbst die Bethstunden ihren Anfang, und geschehen solche durch vorhergehende Ziehung der Stunden, von Sr. Hochfürstl Gnaden ꝛc. ꝛc. in selbst höchster Person sowohl, als von einem hochwürdigen Domkapitel, und Herrn Hoffkavaliers, dann eingetheilten hohen und andern Dykasterialpersonen, Hofofficianten, die ganze Nacht

Nacht Abwechslungsweise bis Morgens um 7 Uhr.

Den 25ten als am Chorsamstag geschiehet Früh um 6 Uhr die Weihe des heiligen Taufs, und um 8 Uhr die Priesterweihe. Eodem um 9 Uhr Nachts begeben sich Se. Hochfürstliche Gnaden ꝛc.ꝛc. in Vortragung des Kreuzes, und Vortrettung des sammtlichen Hofstaats zu dem heiligen Grab, und begleiten aus selben das allerhöchste Gut in die Domkirche zurück, halten allda in höchster Person die Metten, und beschließen hiemit die heilige Wochen.

Den 26ten als am Ostersonntag ist Festum Reverendissimi, Jhro Hochfürstl. Gnaden ꝛc. kommen um 9 Uhr aus Dero Audienzzimmer, in Vorhergehung Dero Hofstaats, und Vortragung des Kreuzes in die hohe Domkirche, und celebriren in höchster Person das Hochamt, werden auch nach selben im Gefolge der von Rom de Dato 26. Decembris 1769. erhaltenen Concession den päpstlichen Segen nebst vollkommenen Ablaß, so auf vorhergehende reumüthige Beicht und Communion, dann verrichten gewöhnlichen Gebeth von jedermann gewonnen werden kann, dem anwesenden Volk mittheilen.

Den 27ten ist Festum Præpositi, wird um 8 Uhr die Predig, sodann von Titl. Herrn Domprobsten das Hochamt gehalten.

Den 28ten ist in der hohen Domkirche Festum Decani, und wird das Hochamt von Titl. Herrn Domdechant gehalten.

APRILIS.

APRILIS.

Samst.	1 g Hugo Bisch.	
Jes. Kommtwers. Thür J. 20.		
Sont.	2 A Quasi. Francp	
Mont.	3 b Dar. Verk.	
Dienst.	4 c Isidor. ● 11. N.	
Mitw.	5 d Vincentius.	
Donn.	6 e Celsus Bisch.	
Freytag	7 f Epiphanius.	
Samst.	8 g Irenäus.	
V. dem guten Hirten. J. 10		
Sont.	9 A 2. Miseric.	
Mont.	10 b Ezechiel Pr.	
Dienst.	11 c Leo Papst.	
Mitw.	12 d Zeno. D 8 fr.	
Donn.	13 e Hermenegild	
Freytag	14 f Tiburt. Sus.	
Samst.	15 a Anastasia.	
Ueber ein kleines werd. J. 16		
Sont.	16 A 3. Jubilate.	
Mont.	17 b Anicetus.	
Dienst.	18 c Eleutherius.	
Mitw.	19 d Werner. ● 1. fr.	
Donn.	20 e Sulvitius.	
Freytag	21 f Anselmus.	
Samst	22 g Sot. u. Caj.	
Ich gehe zu dem 2c. Joh. 16.		
Sont.	23 A 4. Cantate	
Mont.	24 b Georgius.	
Dienst.	25 c Marc. Ev.	
Mitw.	26 d Cletus ☾ 2. N.	
Donn.	27 e Tertulianus	
Freytag	28 f Vitalis M.	
Samst.	29 g Petrus M.	
So ihr den Vater bit. J. 16.		
Sont.	30 A 5. Rog. † Woch.	

B. Hof.

Die Monds-brüche in diesem Monat.

○

Den 4 dieß erblicken wir den Neumond um 11 U. 56 m. N. ist kalt mit Sonnenschein.

☽

Den 12 begiebt sich das erste Viertel um 8 U. 49 m. fr. aprilisch Wetter.

●

Den 19 dieß entzündet sich der Vollmond um 1 U. 23 m. fr. mit zwar schöner, doch veränderlicher Witterung.

☾

Den 26 dito ist zu observiren das letzte Viertel um 2 U. 26 m. N. ist windig, und regnerisch.

Man will nur im April den Vorwitz närrisch taufen,
Bey mir muß ein Fantast durch alle Monat laufen.

Hof- und Kirchenfeste im April.

Den 1ten als am ersten Samstag nach Ostern nimmt die löbliche Andacht nach der Filialkirche Rudelfing ihren Anfang, und endet sich den letzten Samstag vor Pfingsten, können alle die jenige, so diese Kirche die 7. Samstäge besuchen, vollkommenen Ablaß, gleich als wenn selbe nach Rom giengen, gewinnen.

Den 3ten als am Fest Maria Verkündigung ist Festum Suffraganei, und um 8 Uhr in der hohen Domkirche Predigt, und nach Endigung derselben das solenne Hochamt.

Den 9ten als am zweyten Sonntag nach Ostern wird in dem hochfürstl. Lyceum das Translationsfest des heiligen Benedicti feyerlichst mit vollkommenen Ablaß begangen, wird auch die Octav hindurch täglich um 5. Uhr eine Litaney mit vor und nach gegebenen heiligen Segen gehalten.

Den 24ten wird das Patrocinium in der Stadtpfarr St. Georgen mit Predigt, und Hochamt, dann vollkommenen Ablaß begangen.

Den 25ten als am Fest des heil. Marcus Evang. geht die jährliche Proceßion um halb 9 Uhr aus dem Dom nach der Stadtpfarrkirchen St. Georgen, Se. Hochfürstl. Gnaden ꝛc. ꝛc. lassen sich belieben mit Dero Corteggio oberwähnter Proceßion beyzuwohnen.

MAJUS.

MAJUS.

Mont.	1 b Phil. Jacob.		
Dienst.	2 c Sigismund.		
	Hochstifts Kirchweih		
Mitw.	3 d H. † Erfind.		
Donn.	4 e Himelf. Ch.		
Freytag	5 f Godehardus		
Samst.	6 g Joh. Lat. P.		

Wann der Tröst. kom. J. 15.

Sont.	7 A 6. Exaudi.
Mont.	8 b Mich. Ersch.
Dienst.	9 c Gregor Naz.
Mitw.	10 d Job Proph.
Donn.	11 e Mamert. D 2 N.
Freytag	12 f Pancratius.
Samst.	13 g F. Servat.

Wer mich liebet. Joh. 16.

Sont.	14 A. H. Pfingst.
Mont.	15 b Pfingstmont
Dienst.	16 c Johan. Nep.
Mitw.	17 d F. Quatemb.
Donn.	18 e Venant.
Freytag	19 f F. Pet. Cälest
Samst.	20 g F. Bernard.

Mir ist geb. all. Gew. M. 28.

Sont.	21 A. H. Dreyf.
Mont.	22 b Helena J.
Dienst.	23 c Desiderius.
Mitw.	24 d Johanna.
Donn.	25 e Fronleich.
Freytag	26 f Phil. Ner.
Samst.	27 g Beda Priest.

Vom großen Abendm. L 14

Sont.	28 A 3. Lanfranc.
Mont.	29 b Maximus.
Dienst.	30 c Felix Papst.
Mitw.	31 d Ferdinand.

Die Monds-brüche in diesem Monat.

○ Den 4 dieß der Neumond um 1 U. 51 m. N. mit unsichtbarer Sonnenfinsterniß, Regen, und fruchtbares Wachswetter.

☽ Den 11 dito das erste Viertel um 2 U. 31 min. N. angenehme Mayentage.

● Den 18. das volle Licht mit unsichtbarer Mondsfinsterniß um 11 U. 58 m. fr. drohet mit Regen.

☾ Den 26. das letzte Viertel um 8 U. 13 m. fr. Donner und Blitz, kleine Erschüttlung der Erde.

Hör viel, red wenig, und verschweig,
Dem Obern dich gehorsam zeig.

Hof- und Kirchenfeste im May.

Den 1ten als am Fest St. Philippi und Jakobi ist das Titularfest von der St Georgen Bruderschaft, so in dasiger Stadtpfarr St. Georgen mit Predigt und Hochamt, dann Renovirung der Formul und vollkommenen Ablaß begangen wird. Item bey St. Peter 7 Jahr, und 7 Quadragenen Ablaß. Eodem geht die erste Bethproceßion von der hohen Domkirche um halb 8 Uhr nach der Stadtpfarrkirche St. Georgen. Nachmittag um 3 Uhr wird in der hohen Domkirche von Sr. Hochfürstl. Gnaden 2c. 2c. die Vesper gehalten, hat also der Hofstaat um 3 Viertel auf 3 Uhr zu erscheinen.

Den 2. geht die zweyte Bethproceßion gleich nach der Metten aus der hohen Domkirche nach dem Collegiatstift St. Andreä. Eodem als am Hochstiftskirchweih ist Festum Reverendissimi Se. Hochfürstl. Gnaden 2c. 2c. kommen um 9 U. aus Dero Zimmer mit sammtlichen Corteggio, und Vortragung des Kreuzes in die hohe Domkirche, und pontificiren in höchster Person selbst, ist auch vollkommener Ablaß.

Den 3ten gehet die Bethproceßion um halb 9 Uhr aus in das löbl. Collegiatstift St. Veit, Ihro Hochfürstl. Gnaden 2c. 2c. belieben in Vortragung des Kreuzes, und in Begleitung eines hochwürdigen Domkapitels, dann gesammten Hofstaat der Proceßion beyzuwohnen. Eodem
in

in dem hochfürstl. Hofgarten Kirchweih, wo solenniter das Hochamt in Bedienung der Hofmusik gehalten wird.

Den 4ten als am Fest der glorreichen Himmelfahrt Christi ist Festum Suffraganei. Item im hochfürstl. Lyceum vollkommener Ablaß.

Den 11ten wird wegen höchsten Geburtstag Sr. Hochfürstl.Gnaden ꝛc. ꝛc. LUDOVICI JOSEPHI, unsers gnädigsten Landesfürsten, und Herrn Herrn, so gebohren den 11. May 1727. in dem löblichen Collegiatstift S. Johann Bapt. um 10 Uhr ein solennes Hochamt gehalten, wobey der gesammte Hofstaat zu erscheinen hat.

Den 13ten ist in der hohen Domkirche große Vesper, dahero sammtlicher Hofstaat um drey Viertel auf 3 Uhr zu erscheinen hat.

Den 14ten ist Festum Reverendissimi, und pontificiren Ihro Hochfürstl Gnaden ꝛc. ꝛc. solenniter in der hohen Domkirche.

Den 15ten wird das Hochamt von Titl. Herrn Domprobsten gehalten.

Den 16ten ist Festum Decani, hält das Hochamt Titl. Herr Domdechant. Eodem wird das Fest des heiligen und wunderthätigen Martyrers Johann v. Nepomuck in der hohen Domkirchen mit Predigt und Hochamt, dann einer Octav feyerlichst begangen, Nachmittag um halber 4 Uhr wird auf dem Domberg mit dem hoch-

hochwürdigen Gut eine Proceßion gehalten, nicht minder auf der Jsarbrucken in Beleuchtung und Bedienung der Hofmusik eine Litaney.

Den 21. als am Fest der allerheiligsten Dreyfaltigkeit ist Festum Suffraganei. Eodem das Titular-Bruderschaftfest in dem Collegiatstift St. Andreä, so mit einer Proceßion mit dem hochwürdigen Gut um halber 4. Uhr auf dem Domberg und vollkomenen Ablaß feyerlichst begangen wird. Se. Hochfürstl. Gnaden ꝛc. pflegen mit Dero Corteggio oberwähnter Proceßion beyzuwohnen.

Den 24ten als am Vorabend des Fronleichnams Jesu Christi wird in der hohen Domkirchen Nachmittag um 4 Uhr von Sr. Hochfürstl. Gnaden ꝛc. ꝛc. die Vesper gehalten, und nimmt die solenne Octav ihren Anfang.

Den 25ten als am Fronleichnamstag ist Festum Reverendissimi, und kommen Se. Hochfürstl. Gnaden ꝛc. ꝛc. um 7 U. aus Dero Zimmer in Corteggio des gesammten Hofstaats in die hohe Domkirche, da Höchstdieselbe unter gewöhnlicher Bedienung die Terz und das Hochamt halten, nach vollendetem Hochamt ist die große Proceßion, wobey die Clerici des hohen Domstifts, die Herrn Canonici der Collegiatstifter St. Andreä, und St. Viti, das Hochfürstliche Lyceum, nicht minder die PP. Franciscaner, dann Bruderschaften und Zünften mit ihren auf unterschiedliche Art gezierten Fahnen und Stangen, wie auch die bürgerliche Compagnie zu Pferd und zu Fuß erscheinen. Se. Hochfürstl. Gnaden ꝛc. ꝛc. tragen das allerheiligste Sacrament

ment des Altars in höchster Person, der Himmel wird Wechselweis von den Hrn. Hof= und Kammerräthen getragen, und nach geendigter Proceßion machen die bürgerl Compagnien zu Pferd und zu Fuß auf dem Hofplatz Parade, und ihre unterthänigste Aufwartung mit dreymaliger Salve, welche Se. Hochfürstl. Gnaden 2c. 2c. aus Dero Audienzzimer in höchsten Augenschein zu nehmen sich gefallen lassen.

Den 26ten gehet die Antlaßproceßion von dem Collegiatstift St. Andrea um 9 Uhr aus.

Den 27ten ist die Proceßion in dem Collegiatstift St. Veit, S. Hochfürstl. Gnaden 2c. 2c. begleiten diese, wie die vorhergehende mit Dero Corteggio.

Den 28ten ist im Kloster Weihenstephan die Antlaßproceßion, und in der Stadtpfarr St. Georgii das Corporis Christi Bruderschaftfest mit vollkommenen Ablaß.

Den 29ten ist im Kloster Neustift die Fronleichnamsproceßion.

Den 30ten wird in der Stadtpfarr St. Georgen das Hochamt, und die Proceßion von einem Titl. Herrn Domkapitularn gehalten.

Den 31ten begehen die P.P. Franciscaner die Corporis Christi Proceßion.

JUNIUS.

JUNIUS.

Donn.	1 e Nicodemus.	
Freytag	2 f Herz Jes. F.	
Samst.	3 g Olivia. ● o. fr.	

V. vererlorneu Schaf. L. 15.

Sont.	4 A 3. Quirinus	
Mont.	5 b Bonifacius.	
Dienst.	6 c Norbertus.	
Mitw.	7 d Robertus.	
Donn.	8 e Medardus.	
Freytag	9 f Primus ☾ 6. N.	
Samst.	10 g Margaritha	

Vom Fischzug Petri. Luc. 5.

Sont.	11 A 4. Barnab.	
Mont.	12 b Joh. Fac.	
Dienst.	13 c Anton. Pad.	
Mitw.	14 d Basilius.	
Donn.	15 e Vitus Mart	
Freytag	16 f Benno. ● 11. N.	
Samst.	17 g Adolphus.	

V. der wahr. Gerecht. M. 5.

Sont.	18 A 5. Marcell.	
Mont.	19 b Gervasius.	
Dienst.	20 c Silverius.	
Mitw.	21 d Alonsius.	
Donn.	22 e Achatius.	
Freytag	23 f S. Ediltrud.	
Samst.	24 g Joh. Tauf.	

V. Speis. 4000 Mann. Mc. 8.

Sont.	25 A 6. Gallic. ☽ 1. fr.	
Mont.	26 b Joh. u Paul.	
Dienst.	27 c Ladislaus.	
Mitw.	28 d F. Leo Papst	
Donn.	29 e Pet. u. Paul, und b. Ged. aller H. Ap.	
Freytag	30 f Pauli Ged.	

Die Monds-brüche in diesem Monat.

●

Den 3. dieß ist der Neuschein um 0 U. 37 m. fr. schöne, aber geschwüllige Tage,

☽

Den 9 dito das erste Viertel um 6 Uhr, 50 m. N ist noch schönes Wetter

●

Den 16. folget der Vollmond um 11 Uhr, 44 m. N. veränderliche Witterung.

☾

Den 25 dieses stellet sich ein das letzte Viertel um 1 Uhr, 7. m. fr. gleichet dem vorigen.

Hof:

Nun kann man kühn der Luft in offenen Wägen trauen,
Doch wer nicht Wägen hat, mag sich um Füße schauen.

JUNIUS.

Donn.	1 e Nicodemus.	Die M
Freytag	2 f Herz Jes.F.	brüche in di
Samst.	3 g Olivia. ●o. fr.	Monat.

V. vererlorneu Schaf. L. 15.

Sont.	4 A 3. Quirinus	●
Mont.	5 b Bonifacius.	
Dienst.	6 c Norbertus.	Den 3. dieß
Mitw.	7 d Robertus.	Neuschein
Donn.	8 e Medardus.	37 m. fr. schö
Freytag	9 f Primus D 6. N.	geschwüllige
Samst.	10 g Margaritha	

Vom Fischzug Petri. Luc. 5.

Sont.	11 A 4. Barnab.	Den 9 di
Mont.	12 b Joh. Fac.	ste Viertel un
Dienst.	13 c Anton. Pad.	50 m. N ist n
Mitw.	14 d Basilius.	nes Wetter
Donn.	15 e Vitus Mart	
Freytag	16 f Benno. ● 11. N.	
Samst.	17 g Adolphus.	Den 16.

V. der wahr. Gerecht. M. 5.

Sont.	18 A 5. Marcell.	Vollmond u
Mont.	19 b Gervasius.	44 m. N. ver
Dienst.	20 c Silverius.	Witterung.
Mitw.	21 d Alonsius.	
Donn.	22 e Achatius.	Den 25
Freytag	23 f S. Ediltrud.	sich ein das
Samst.	24 g Joh. Tauf.	tel um 1 U

V. Speis. 4000 Mann. Mc. 8.

Sont.	25 A 6. Gallic. C 1 fr.	gleicht dem
Mont.	26 b Joh. u Paul.	
Dienst.	27 c Ladislaus.	
Mitw.	28 d F. Leo Papst	
Donn.	29 e Pet. u. Paul. und b. Ged. aller H. Ap.	
Freytag	30 f Pauli Ged.	

Nun kann man kühn der Luft in offenen W
Doch wer nicht Wägen hat, mag sich um

im Junius.

Hochamt im Dom
amt gehalten, nach
auf dem Domberg,
stag ausgehet, Se.
belieben diese, wie
de mit Dero Hof-

ten Sonntag nach
P. Franciscaner die
ollkommenen Ablaß.
as Fest des heiligen
bey den PP. Fran-
, und vollkommenen

n Collegiatstift St.
Stiftpatronsfest mit
dann vollkommenen

m Collegiatstift St.
St. Johann Bapt.
ochamt, dann voll-
n.
r St. Peterskapellen
mit Hochamt, dann
er Litaney begangen.

JULIUS.

JULIUS.

Samſt.	1 g Aaron Prie.	
V.falſchen Propheten. M.9		
Sont.	2 A 7.M. Hein	7°
Mont.	3 b Eulogius.	
Dienſt.	4 c Udalricus.	
Mitw.	5 d Domitius.	
Donn.	6 e Iſaias Pro.	
Freytag	7 f Wilibaldus.	
Samſt.	8 g Kilianus.	
V.ungerecht. Haushalt. L.16		
Sont.	9 A S. Cyrill. D 8. fr.	
Mont.	10 b Amalia.	
Dienſt.	11 c Pius I. Pap.	
Mitw.	12 d Joh. Qual.	
Donn.	13 e Eugenius.	
Freytag	14 f Bonavent.	
Samſt.	15 g Henricus.	
V.Zerſtörung Jeruſal. L.16		
Sont.	16 A 9. Scap. ● 12 N.	
Mont.	17 b Alexius.	
Dienſt.	18 c Friederich.	
Mitw.	19 d Arſenius.	
Donn.	20 e Margareth.	
Freytag	21 f Daniel Pro.	
Samſt.	22 g Mar. Magd.	
V.Publican u. Phariſ. L. 18		
Sont.	23 A 10. Apollin.	
Mont.	24 b Chriſtin. ☾ 4 N.	
Dienſt.	25 c Jacob. Ap.	
Mitw.	26 d Anna Mut.	
Donn.	27 e Pantaleon.	
Freytag	28 f Nazarius.	
Samſt.	29 g Martha J.	
V.Taub. u. Stummen. M.7.		
Sont.	30 A 11. Abd. Sen	
Mont.	31 b Ign. Loj. ● 4. N.	

Die Mond:brüche in dieſem Monat.

●
Den 2 dito das Neu: licht um 9 U. 25 m. fr. große Hitz mit Don: nerwetter.

☽
Den 9 dieſes iſt das erſt: Viertel um o Uhr 8 min. fr. recht ange: nehme Tage.

●
Den 16 iſt der Voll: mond um 12 U. 50 m. N. Regen und temperirte Hitze.

☾
Den 24 iſt das letzte Viertel um 4 U. 30 m. N. bringt Hochgewitter und heiße Tage.

●
Den 31 iſt mehrmal das Neulicht um 4. U. 49 min. N. continuirt mit Donnerwetter.

Man ſagt, es ſey ſehr gut im Keller kühl zu ſitzen,
Da die Gefangene doch in Kellern grauſam ſchwitzen.

/.

Hof- und Kirchenfeste im Julius.

Den 2ten als am Fest Mariä Heimsuchung wird das Titularfest der Marianischen Congregation im hochfürstl. Lyceum mit Predigt, und Hochamt celebriret, dann um 4 Uhr Nachmittag Proceßion und Litaney, ferners durch die Octav um 5 Uhr Nachmittag bey ausgesetzten hochwürdigen Gut eine Litaney.

Eodem in dem löbl. Collegiatstift St. Johann Bapt. Kirchweih mit gewöhnlichen Ablaß.

Item in der St. Peters Kapellen Kirchweih mit gewöhnlichen Ablaß.

Den 9 ist die jährliche Kirchweih in der hochfürstl. Residenz-Hofkapellen, wo solenniter das Hochamt in Bedienung der Hofmusik gehalten wird.

Den 16ten wird im Kloster Weihenstephan das Titularfest der Erzbruderschaft des heiligen Scapuliers mit Renovirung der Formuln, und Generalabsolution begangen.

Den 25ten in der St. Peters Kapellen 7. Jahr, und 7. Quadragenen Ablaß.

Den 26ten wird in der Stadtpfarr St. Georgen ein Lobamt zu Ehren der heiligen Mutter Anna gehalten, weilen vor vielen Jahren das Donnerwetter daselbst eingeschlagen, zur Danksagung vor all abgewendeten Uebel.

AU-

AUGUSTUS.

Dienſt.	1 c Petri Ketten	
Mitw.	2 d Portiun. Ab	
Donn.	3 e Stephan Erf	
Freytag	4 f Dominicus.	
Samſt.	5 g Mar. Schnee	

V. Prieſter u. Leviten. L. 10

Sont.	6 A 12. Verkl. Chr.	
Mont.	7 b Cajet. D 7. fr.	
Dienſt.	8 c Cyriacus.	
Mitw.	9 d Romanus.	
Donn.	10 e Laurent. M.	
Freytag	11 f Susanna.	
Samſt.	12 g Clara J.	

V. den 10 Ausſätzigen. L. 17

Sont.	13 A 13. Hypolit.	
Mont.	14 b F. Eusebius	
Dienſt.	15 c Ma. Him.	
Mitw	16 d Rochus.	
Donn.	17 e Liberat. M.	
Freytag	18 f Helena Kais.	
Samſt.	19 g Sebaldus.	

Niem. kan 2 Hrn. dienen. 11.

Sont.	20 A 14. Joachim	
Mont.	21 b Burchard.	
Dienſt.	22 c Simphorian	
Mitw.	23 d Phil. Be.	
Donn.	24 e Barthol. Ap.	
Freytag	25 f Ludwig Kön.	
Samſt.	26 g Samuel.	

Von der Witwe zu Naim L 7

Sont.	27 A 15. Gebhar.	
Mont.	28 b Auguſtinus	
Dienſt.	29 c Johan. Enth	
Mitw.	30 d Roſ. Lim. ofr.	
Donn.	31 e Raymund.	

Die Monds-
brüche in dieſem
Monat.

Den 7 diß iſt das erſte Viertel um 7 Uhr 31 min. fr. drohet mit Donner, und ſtarken Winde.

Den 15 dito iſt der Vollmond um 3 Uhr, 33 m. fr. giebt ein wi-drige Witterung.

Den 23 erblicken wir das letzte Viertel um 5 U. 37 min. fr. ſtarke Wind mit Schaur und Rieſelwolken.

Den 30. erſcheinet der Neumond um 0 U. 2 m. fr. ſchön und tro-ckene Tage.

Hof:

O köſtlichſter Auguſt! wer kann dich gnung erheben,
Du ſammleſt uns das Brod, von dem wir alle leben.

Hof= und Kirchenfeste im August.

Den 1ten dieß Nachmittag bey der Vesper gehet der große Portiuncula Ablaß bey den PP. Franciscanern ein, und ist zu gewinnen bis zur Sonnuntergang des andern Tages.

Den 6ten als am Sonntag vor Laurenti ist Kirchweih in dem Collegiatstift St. Andreä mit vollkommenen Ablaß.

Den 15ten als am Fest Mariä Himmelfahrt ist Festum Suffraganei, und vollkommener Ablaß. Item in der St. Peters Kapellen vollkommener Ablaß.

Den 25 wird wegen dem höchsten Namenstage Sr. Hochfürstl. Gnaden ꝛc. ꝛc. LUDOVICI JOSEPHI unsers gnädigsten Landesfürsten und Herrn Herrn in dem Collegiatstift St. Johann Bapt. um 10 Uhr ein solennes Hochamt gehalten, wobey gesammter Hofstaat zu erscheinen hat. Eodem bey den PP. Franciscanern vollkommener Ablaß.

SEPTEMBER.

Freytag	1 f Aegidius.	
Samst.	2 g Nonnosus.	

V. Wassersüchtigen. Luc. 14.

Sont.	3 A 16. Sch. E. Non.
Mont.	4 b Rosalia.
Dienst.	5 c Laur. Just. ☽ 6 N
Mitw.	6 d Magn. Abt
Donn.	7 e Regina.
Freytag	8 f Ma. Geburt
Samst.	9 g Corbinianus

V. grösten. Geboth. M. 22.

Sont.	10 A 17. Ma. Nam
Mont.	11 b Protus M.
Dienst.	12 c Quido Bisch
Mitw.	13 d Tobias. ● 7. N
Donn.	14 e H. † Erhöh.
Freytag	15 f Nicomedes.
Samst.	16 g Cornelius.

V. dem Gichtbrüchigen. M 9

Sont.	17 A 18. Lambert.
Mont.	18 b Thom. Vill.
Dienst.	19 c Januarius.
Mitw.	20 d Quatemb
Donn.	21 e Matth. A. ☾ 5 N
Freytag	22 f F. Emeram.
Samst.	23 g † Thecla.

V. hochzeitlichen Kleid. M 22

Sont.	24 A 19. Gerhard.
Mont.	25 b Cleophas.
Dienst.	26 c Justina J.
Mitw.	27 d Cos. u. Dam.
Donn.	28 e Wencesl. ● 8 fr.
Freytag	29 f Michael Erz
Samst.	30 g Hieronym.

Die Monds-brüche in diesem Monat.

☽
Den 5 dieß ist das erste Viertel um 6 U. 6 m. N. wird recht angenehme Zeit

●
Den 13 dieses ist das volle Licht um 7 Uhr, 35 m. N. es wechseln Reife, Nebel, Regen, und Sonnschein.

☾
Den 21 dito ist das letzte Viertel um 5 Uhr 14 m. N. ist halb naß, halb trocken.

○
Den 28 ist der Neumond um 8 U. 9 m. fr. zeiget Wind an, und kalte Tage.

———

Dieß Monat weiß der Welt Verdruß und Lust zu machen,
Dem Innsaß bringt es Angst, dem Hausherrn frohes Lachen.

Hof- und Kirchenfeste im September.

Den 2ten wird das Fest St. Nonnosi in der hohen Domkirche mit Predigt, und Hochamt feyerlich begangen.

Den 7ten ist in der hohen Domkirche Nachmittag um 3 Uhr große Vesper, dahero der Hofstaat um 3 Viertel auf 3 Uhr zu erscheinen hat.

Den 8ten als am Fest Mariä Geburt ist Festum Reverendissimi, und pontificiren Ihro Hochfürstl. Gnaden ꝛc. ꝛc. in höchster Person, dahero gesammtes Corteggio zu erscheinen hat. Eodem in der St. Peters Kapellen vollkommener Ablaß. Wie auch den darauf folgenden Sonntag das Patrocinium der löbl. Verbündniß Mariä Hilf mit vollkommenen Ablaß, und einer Octav.

Den 9ten als an dem Fest Corbiniani Bischof wird das Hochamt von Titl. Herrn Domprobsten in der hohen Domkirchen gehalten.

Den 10ten ist der höchste Consecrationstag Sr. Hochfürstl. Gnaden ꝛc. ꝛc. unsers gnädigsten Landesfürsten und Herrn Herrn, wo das Hochamt von Titl. Herrn Weihbischof in dem hohen Dom um 10 Uhr gehalten wird, wobey der sammtliche Hofstaat zu erscheinen hat.

Den 29ten wird in dem Collegiatstift St. Johann Bapt. das Titular-Bruderschaftfest, und in der Stadtpfarr St. Georgen das Hauptfest der Corporis Christi Bruderschaft mit vollkommenen Ablaß begangen.

OCTOBER

OCTOBER.

V. des Kön. Frank. Sohn. J. 4
Sont. | 1 A 20. Rosenk. Fest
Mont. | 2 b Leodegarius.
Dienst. | 3 c Candidus.
Mitw. | 4 d Franc. Ser.
Donn. | 5 e Placidus. ☽ 8 fr
Freytag | 6 f Bruno.
Samst. | 7 g Marcus P.
V. des Kön. Rechnung. M 18
Sont. | 8 A 21. Birgitta
Mont. | 9 b Dionysius.
Dienst. | 10 c Franc. Borg.
Mitw. | 11 d Germanus.
Donn. | 12 e Maximilian
Freytag | 13 f Eduard. ●o.M.
Samst. | 14 g Callistus.
V. dem Zinsgrosch. Mth. 22.
Sont. | 15 A 22. Theresia.
Mont. | 16 b Gallus.
Dienst. | 17 c Hedwig Kön
Mitw. | 18 d Lucas Ev.
Donn. | 19 e Petr. Alcant.
Freytag | 20 f Wendelin.
Samst. | 21 g Ursula. ☾ 2. fr.
V. des Fürst Töchterlein M 9
Sont. | 22 A 23. Cordula
Mont. | 23 b Johan. Von
Dienst. | 24 c Raphael Erz
Mitw. | 25 d Chrysantus.
Donn. | 26 e Evaristus.
Freytag | 27 f Sabina. ●6,N.
Samst. | 28 g Sim. Jud. sicht
V. des Haupt. m Knecht M. 8
Sont. | 29 A 24. Nar. Ofinst
Mont. | 30 b Serapion.
Dienst. | 31 c F. Wolfg.

Die Monds-
brüche in diesem Monat.

☽
Den 5. dieß ist das erste Viertel um 8 Uhr 19 m. fr. erzeiget kalt, und unfreundliches Wetter.

●
Den 13 dieses um o Uhr 29 m Nachmittag das Vollicht, bringet Nebeln mit vermischten Sonnschein.

☾
Den 21 dito das letzte Viertel um 2 Uhr 31 m. fr. mit Regen, und Wind.

●
Den 27. fallet ein das Neulicht um 6 Uhr 5 min. N.m t sichtbarer Sonnenfinsterniß.

Jetzt wächst das stärkste Obst, dann der October Trauben
Die können Sterblichen Verstand und Silber rauben.

Hof- und Kirchen-feste im October.

Den 1ten wird in der Stadtpfarr St. Georgen die jährliche Kirchweih mit gewöhnlichen Ablaß begangen. Item zu Weihenstephan das Titularfest der Erzbruderschaft des heiligen Rosenkranzes mit vollkommenen Ablaß.

Den 28ten ist in dem Collegiatstift St. Veit Ablaß der 7 Altär, dann in der St. Peterskapellen 7 Jahr und 7 Quadragenen Ablaß.

NOVEMBER.

Mitw.	1 d AllerHeillg.	
Donn.	2 e Aller Seelen	
Freytag	3 f Hubertus.	
Samst.	4 g Carolus. ☽ 1. fr.	

V. ungestümmen Meer. M. 8

Sont.	5 A 25. Zachar.	
Mont.	6 b Leonardus.	
Dienst.	7 c Engelbertus.	
Mitw.	8 d Godefridus.	
Donn.	9 e Theodorus.	
Freytag	10 f Andreas Av.	
Samst.	11 g Martin. B.	

V. Saam. u. Unkraut. M. 13.

Sont.	12 A 26 Mart. ●5fr	
Mont.	13 b Stanislaus	
Dienst.	14 c Albertus.	
Mitw.	15 d Leopoldus.	
Donn.	16 e Edmundus.	
Freytag	17 f Greg. Thav	
Samst.	18 g Otto Abt.	

Vom Senftkörnlein. M. 13.

Sont.	19 A 27. Elis. ☾ 10 fr	
Mont.	20 b Corbin. Erheb.	
Dienst.	21 c Maria Opf.	
Mitw.	22 d Cäcilia.	
Donn.	23 e Clemens P.	
Freytag	24 f Joh. v. Creuz	
Samst.	25 g Catharina.	

V. Greul der Verwüst. M 24

Sont.	26 A 28. Conr. ●6fr.	
Mont.	27 b Virgilius.	
Dienst.	28 c Crescens.	
Mitw.	29 d Saturnin.	
Donn.	30 e Andreas Ap.	

Die Monds-
brüche in diesem
Monat.

☽
Den 4 dieß ist das erste Viertel um 1. U. 59 m. fr. die Winde jagen Schneewolken zusammen.

●
Den 12. entstehet das Vollicht um 5 U. 9 m. fr. mit sichtbarer Mondsfinsterniß, führet Schneegestöber mit vermischten Sonnenschein.

☾
Den 19 dito ist das letzte Viertel um 10 U. 40 m. fr. ist heiter und kalt, am Ende naß.

◉
Den 26. erscheinet das Neulicht um 6. U. 16 m. fr. bringt reisende Kälte.

Hof-

Man braucht den Belz nicht nur den Leib zu bedecken,
Man sucht auch oft darinn die Laster zu verstecken.

Hof- und Kirchenfeste im November.

Den 1ten als am Fest aller Heiligen ist Festum Suffraganei, und pflegen Se. Hochfürstl. Gnaden ꝛc. ꝛc. in Dero Oratorium dem Hochamt beyzuwohnen.

Den 2ten als am Aller Seelentag erscheinen Ihro Hochfürstl. Gnaden ꝛc. ꝛc. in Dero Oratorium, und wohnen den für alle Christglaubige zu haltenden Exequien bey.

Item in der Stadtpfarr St. Georgen durch die Octav um 4 Uhr Predigt und Rosenkranz bey ausgesetzten hochwürdigen Gut.

Den 19ten ist Nachmttag um 3 Uhr in der hohen Domkirche große Vesper, und hat der Hofstaat um 3 Viertel auf 3 Uhr zu erscheinen.

Den 20ten als am Corbiniani Erhebung ist Festum Reverendissimi, und nach geendigter Predigt verfügen sich Ihro Hochfürstl. Gnaden ꝛc. ꝛc. in Vortretung des Hofstaats in die hohe Domkirche, und pontificiren in höchster Person, werden auch dem anwesenden Volke den päpstlichen Segen nebst vollkommenen Ablaß, gleichwie am H. Ostertag mittheilen.

Den 30ten ist in dem Collegiatstift St. Andreä das Hauptpatrocinium mit Predigt, und Hochamt, dann vollkommenen Ablaß.

DECEMBER.

Freytag	1 f Eligius.		
Samſt.	2 g Bibiana.		

Es werd. Zeichen geſche L 22

Sont.	3 A 1. Adv. Fr. ♃ 11 n	
Mont.	4 b Barbara.	
Dienſt.	5 c Sabbas Abt	
Mitw.	6 d F. Nicolaus	
Donn.	7 e Ambroſius.	
Freytag	8 f F. Mar. Em	
Samſt.	9 g Leocadia.	

Joh. in Gefängniß. M. 11.

Sont.	10 A 2. Adv. Melchi.
Mont.	11 b Damaſ.
Dienſt.	12 c Syneſius.
Mitw.	13 d F. Luc. Ottil
Donn.	14 e Agnellus
Freytag	15 f F. Euſebius
Samſt.	16 g Adelheid.

Vom Zeugniß Johan. J. 1.

Sont.	17 A 3. Adv. Eber
Mont.	18 b Wunib.
Dienſt.	19 c Nemeſius.
Mitw.	20 d F. Quatemb
Donn.	21 e Thomas Ap.
Freytag	22 f F. Demetri9
Samſt.	23 g F. Victoria.

Im 15 Jahr K. Tiberii. L. 2.

Sont.	24 A 4. Adv. Adam
Mont.	25 b H. Chriſt.
Dienſt.	26 c F. Steph Ertz. u.
Mitw.	27 d Joh. E. Ge. acker
Donn.	28 e Uns. Kind.
Freytag	29 f Thomas Bi.
Samſt.	30 g David Kön.

Chr. Aelt. verwundern. L. 2.

Sont.	31 A Silveſter

Die Monds-brüche in dieſem Monat.

Den 3. dieß iſt das erſte Viertel um 11 U. 2 m. Nach. fallet Schnee, und wachſet die Kälte.

Den 11 dito iſt das Vollicht um 8 U. 38 m. N. die Kälte nimmt ab, und verkehrt ſich in Regen.

Den 18 ergiebt ſich das letzte Viertel um 6 U. 30 m. N. es gefrieret, und giebt trockne Tage.

Den 25. dieß zeiget ſich das Neulicht um 8 U. 49 m. Nach. thut ſchneyen und wähen.

Wer heut um 12 U Nachts noch leicht wird Athem holen
Dem kabalire ich aus, daß er aufs Jahr wird leben.

Hof-und Kirchenfeste im December.

Den 8ten ist Festum Suffraganei, und wird mit Predigt und Hochamt in dem hohen Dom celebriret, auch der Marianische Aktus der unbefleckten Empfängniß Mariä mit einem Eid zu Beschützung introduciret, dahero sämmtliches Corteggio zu erscheinen hat.

Den 17ten nehmen die sogenannte 7 O. Antiphon in der hohen Domkirche ihren Anfang, und wird täglich durch die 7 Täge um 5 Uhr Abends das hochwürdigste Gut auf dem Hochaltar ausgesetzt, und von P. Hof- und Domprediger auf treffende Antiphon eine Predigt gehalten, sodann auf dem musikalischen Chor die ebenfalls eintreffende Antiphon abgesungen, letzlichen aber mit dem heil. Segen jederzeit beschlossen werden.

Den 24ten ist Nachmittag um 3 Uhr die unterthänigste Aufwartung zu machen, massen Se. Hochfürstl. Gnaden 2c. 2c. in dem Dom die Vesper halten, Nachtszeit um 3 Viertel auf 11 Uhr kommen Ihro Hochfürstl. Gnaden 2c. 2c. abermal mit Dero Corteggio in die hohe Domkirche, halten allda solenniter die Metten, und pontificiren nach solcher in höchster Person.

Den 25ten ist Festum Reverendissimi, und um 8 Uhr Predigt, nachdem das solenne Hochamt, dahero der Hofstaat die unterthänigste Aufwartung zu machen hat.

Den

Den 31ten ist Nachmittag um 3 Uhr in der hohen Domkirche große Vesper. Item als am letzten Tag dieses Jahres wird auf gnädigste Anordnung Sr. Hochfürstl. Gnaden ꝛc. ꝛc. um halb 5 Uhr Abends das hochwürdige Gut auf dem Hochaltar übertragen, dann die Danksagungspredigt gehalten, sohin das Te Deum laudamus feyerlichst abgesungen zur Danksagung für alle das Jahr hindurch empfangenen göttlichen Gnaden und Wohlthaten, letztlichen aber mit dem heiligen Segen beschlossen werden.

Ordentliche SUCCESSION der Bischöfen zu Freysing.

Aspice læta tuos felix Frisinga Patronos.
Freysing mit Freud und Trost betracht,
Was in dem Himmel für dich wacht.

Daß in dem Lande zu Baiern das heilige Evangelium allschon im dritten Jahrhundert geprediget, und der christlich-katholische Glauben eingeführet worden, bewähret P. Meichelböck in seiner Freysingischen Chronick aus P. Hieronymo Pezio dem Verfasser der Lebensgeschichte des heiligen Martyrers Ma-

Maximiliani Bischofens zu Lorch, wo derselbe herkommen lasset, daß von eben diesem heiligen Maximilian das Wort GOttes das erstemal in solchen Gegenden verkündiget, und unter den ihm unterwürfig gewesenen 22 Suffraganeatkirchen auch die Freysingische gezählet worden sey. Wie dann Vitus Arenbockius des Bischofens Sixti von Tannenberg Kaplan in der von ihm hinterlassenen baierischen Chronik bereits vorher angemerket hat, daß zu Zeiten Kaisers Karl von Narbona zu Freysing für die christglaubige eine Kirch gestanden, welche dem heiligen Maximiliano Erzbischofen zu Lorch untergeben gewesen.

Am Deutlichsten aber haben dieses die sub Clemente PP. XII. a SS. Rituum Congregatione sub 12 Maji 1714. ad Festum S. Maximiliani approbirte Lectiones bestimmet, als worinnen mit ausdrücklichen Worten enthalten, daß dieser heilige Maximilianus um das Jahr 270. auf dem Freysinger Berg eine Kirche zu Ehren der seligsten Mutter GOttes Mariä errichtet habe.

Daß auch die Kirche annoch wirklich vorhanden sey, und neben der Gruft in der Domkirche zu Freysing stehe, bezeugen die daselbst vorfindliche alte Innschriften, die alle dahin lauten, diese Kirche ist zu Ehren der Geburt U. L. Frauen im dritten Jahrhundert nach Christi Geburt von dem H. Maximilian Bischof und Martyrer eingeweihet worden, nachdem er vorher das allda gestandene Götzenbild zerstöret.

Sodann ist ab einem andern in dieser Kirche

zu ewiger Gedächtniß von Marmorstein errichteten Monument zu lesen, daß diese Kirche (Crypta) genannt, von dem heil. Maximiliano Bischofen zu Lorch errichtet, von dem heil. Corbiniano und Bonifacio aber zu einem bischöflichen Sitz und Würde einer Cathedralkirche erhebet worden.

Aus welchen so richtigen Urkunden von selbsten erhellet, daß die erste Kirche sowohl des Bisthums, als der Stadt Freysing schon wirklich fünfzehnhundert Jahre lang stehe, obwohlen das Bisthum später, nämlich am ersten Anno 724. von dem heil. Corbiniano förmlich aufgerichtet worden, daher dann auch von demselben die Beschreibung der nach einander gefolgten Bischöfen angefangen, und mit kurzem fortgesetzet wird.

I. S. Corbinianus ein gebohrner Franzoß, empfieng von dem Papst Gregorio dem XII. 716. das Pallium & Apostolatum, und wurde zu Bekehrung der Unglaubigen gesendet. Anno 724. kame er unter Herzog Grimoaldo nach Freysing, und begunnte das bischöfliche Amt zu üben; er errichtete auf dem Berg (wo dermalen die Kirche stehet) dem heil. Benedicto eine Kirche auf, und bauete mit Erlaubniß Grimoaldi seinem untergebenen Clero ein Kloster, diente GOtt unter der Regul des heil. Benedicti. Verehrte auch absonderlich die von dem heil. Bischof Maximiliano zu Ehren U. L. Frauen Anno 270. aufgerichtete Kirche, welche er pro Matrice aller Kirchen des Bisthums ihme erwählte.

Allein es ließe der Haß der vertriebenen Piltrudis keineswegs zu, daß Freysing diesen heil. Mann in Ruhe genießen konnte; indem er vermerket, daß ihm nach dem Leben gestellet, und er kümmerlich durch die Gnade GOttes von dem bestellten Meuchelmord errettet worden, hat sich mit seinem ganzen Clero nacher Mayes (nächst Meran im Tyrol) begeben, und vorhero Grimoaldo sammt seiner Concubinn Piltrud und deren Descendenz einen schnell und elenden Untergang geweissaget, welcher dann auch um das Jahr 728 oder 729. wie aus der baierischen Historie bekañt, also erfolget. Hernach ist Corbinianus von dem in Baiern alleinig regierenden Herzog Hugiberto wiederum erbethen, seiner Kirche Anno 739. glorwürdig vorgestanden, in welchen Jahr er den 8 ten Sept. in Gott selig verschieden. Nachdem er sein neu aufgerichtetes Bisthum mit vielen Schankungen vermehret, und mit denen im Tyrol, mittels des ihm von Pipino Heristallo geschenkten Geld erkauften Gütern dotiret hinterlassen, und dabey verordnet habe, daß sein Leichnam zu Mayes nächst dem heil. Valentin, welchen er in seiner Lebenszeit absonderlich verehret hatte, begraben werden solle, wohin selber auch nach dreyßig Tagen gebracht worden, hat auch solcher durch 40 Jahr, bis zu den Zeiten Aribonis seines dritten Nachfolgers in Bißthum geruhet, welcher Bischof aber, aus Beysorge, es möchte dieser heilige Leib, wie es damal mit dem heil. Valentino geschehen, ebenfalls hinweggenommen werden, nach angestellten

ten Fasten und vielen Andachten, dann bemerkten göttlichen Willen dessen heilige Reliquien von dannen wiederum nacher Freysing unter vielen bey der Transferirung beschehenen Wunderwerken zurück gebracht hat, allwo selbe noch dermalen auf das sorgfältigste bewahret, und aufs andächtigste verehret werden.

II. Erimbertus, des heil. Corbinian leiblicher Bruder, welcher Anno 739 von dem heil. Bonifacio consecrirt worden, ist gestorben den 1. Jänner 749.

III. B. Josephus von Verona gebürtig, stunde dem Hochstift vor 15 Jahr, 11 Monat, starbe den 17 Jänner Anno 764.

IV. Aribo, seines Vorfahrers Archipresbyter, und Abbt zu Scaranzia, regierte 19 Jahr, 2 Monat höchst rühmlich, und starbe den 3ten May 764.

V. Otto de Kienberg, nobilis Bavarus, ebenfalls Abbt zu Scaranzia, regierte 25 Jahr, ist selig verschieden den 17 Sept. Anno 810.

VI. Hitto, nobilis Bavarus de Möringen, welcher in Gelehrtheit und Seeleneifer unvergleichlich war; er starbe Anno 834 den 10ten December, nachdem er der Kirche 24 Jahr, 1 Monat bestens vorgestanden ist.

VII. B. Erchambertus, Hittonis Bruders Sohn wird erwählet den 29 Julii Anno 835. wurde auch zu einen Abbten zu Kempten postulirt An. 854. und in St. Peterskapellen, welche er auf dem Berg selbsten erbauet, begraben, dessen Grab wegen unterschiedlich erhaltenen Gutthaten berühmt ist.

VIII.

VIII. Anno, vom Geschlechte deren von Thauer, war erwählet den 1 März im Jahr 854. regierte löblich 21 Jahr, 7 Monat, 6 Täge, starbe den 9 October Anno 875.

IX. Arnulphus aus dem adelichen Geschlecht deren von Erpfenbrunn entsprossen, wird erwählet den 4 Novemb. Anno 875. erweiterte die Domkirche, und starbe nach 8jähriger Regierung den 21 Septemb. Anno 883.

X. Waldo, noch selbiges Jahr den 19 October erwählet, war ein Schwab aus dem Geschlecht des damaligen Grafen von Hohenlohe, regierte auf das beste 22 Jahr, 7 Monat, und starb den 18 May Anno 906.

XI. Uto aus dem adelichen Geschlechte deren von Ander, erwählet Anno 906. im Junio, regierte nicht länger als 1 Jahr, dann er in dem Feldzug Ludovici des römischen Königs, und Leopoldi Marggrafens zu Oesterreich wider die Ungarn neben Dietmaro Erzbischofen zu Salzburg, und Zacharia Bischofen zu Brixen unglücklich umgekommen den 30 Junii An. 907.

XII. Dracolphus, Nobilis de Humblen, war eines Geschlechtes mit den Grafen von Mospurg aus Baiern, wurde erwählet im Februario 908. er regierte seine Kirche auf das schlechteste 18 Jahr, 8 und ein halbes Monat, ist in der Donau zu Poigen an St. Urbanstag den 25 May Anno 926 ertrunken.

XIII. Wolframus, der aus dem edlen Geschlecht der von Burghausen, ist von dem kaiserlichen Hof, weil sich die Canonici in drey Factiones vertheilet, wo keine der andern nachgeben

geben wollte, den 10 December 926 zu einen Bischofen postulirt, und folgendes Jahr von dem Papsten confirmiret worden. Er starb den 19 Julii Anno 938. nachdem er seiner Kirche 12 Jahr, 7 Monat rühmlichst vorgestanden.

XIV. S. Lantpertus, ein Graf von Ebersperg, wird zu einen Bischofen erwählet Anno 938 den 28 August, regierte heilig 19 Jahre, 2 Täge, starb Anno 957. den 19 Sept. im 64 Jahre seines Alters, und wird in dem Dom begraben.

XV. Abraham, aus den Grafen von Görz, und damaligen Herzogen in Kärnten entsprossen, wird zum Bischofen erwählet Anno 957. im Monat November, starb nach 37 = jähriger Regierung den 15 Julii Anno 994.

XVI. Gottschalcus, ein edler Bayr des Geschlechts von Hagenau, erwählet 994. den 1. Sept. starbe nach fast 12 = jährig rühmlichster Regierung den 6 May 1006.

XVII. Egilbertus, ein Graf von Mosburg, vorher Kanzler des heil. Henrici Kaisers, erwählet Anno 1006. im Monat Julii, und nach 34 = jährig rühmlichster Regierung starbe mit grossen Leid der Seinigen den 4 Nov. Anno 1039.

XVIII. Nitgerus, ein Regensburger, erwählet den 2 Sept. 1039. ist an einem Halswehe gestorben den 13 April 1052. nachdem er 13 Jahre regieret.

XIX. Ellenhardus, ein Tyroller, und aus dem Geschlecht der dermaligen Fürsten, und Herrn zu Meran, war erwählt Anno 1052. den 3 Julii stiftete das Collegiatstift St. An-
dres

dreá in Freysing, zu welchem Ende er alle seine
Güter hergeschenket. Er starb den 11 März An.
1078. nachdem er seine Kirche 26 Jahr, 8 und
ein halbes Monat glorwürdig regierte, liegt begraben bey St. Andreá, allwo sein Kapellan
St. Batho ruhet.

XX. Meginwardus, ein Graf v. Scheyren,
wird Bischof den 22 März 1078. er ist den 28
April 1098. gestorben, nachdem er 20 Jahr, 1
Monat und 9 Tage löblich regieret. Unter ihm
ist Freysing von Guelphone, Grafen zu Altdorf
An. 1089. übel zerstoret worden, welchen Schaden er aber An. 1094. wieder ersetzet.

XXI. Henricus I. Graf von Eberstorf, ein
Oesterreicher, war erwählet den 28 Junii 1098.
er regierte 39 Jahr, 3 Monat, 11 Tage, und ist
gestorben den 9 October Anno 1137.

XXII. Otto I. der Große benamset, ein Sohn
des heil. Leopoldi Marggrafens in Oesterreich,
und von Seiten der Mutter ein Bruder Con-
radi des Kaisers, wird zu einem Bischofen postulirt An. 1137. Er lebte unter der Regel des
heil. Bernardi, und beschloße seine Täge zu Ma-
rimond in Burgund Anno 1158. den 23 Sept.
nachdem er seine Kirche 31 Jahre heilig regieret
hatte.

XXIII. B. Albertus, ein Schwab und Graf
von Simmering, vorher Domprobst, ist zu einem Bischofen erwählet worden im Monat
Nov. 1158. unter ihm ist Freysing Anno 1159.
den 5 April durch eine unversehene Brunst in
Aschen geleget worden. Nachdem er nun 26
Jahr hochlöblich, doch in größten Drangsalen
und

und schweresten Zeiten seiner Kirche vorgestanden, starbe den 11 Nov. 1184.

XXIV. Otto II. ein Graf von Bergen aus Schwaben, erwählet Anno 1184. im Monat Dec. und nachdem er 36 Jahre, 3 Monat bestens regieret, starb er den 17 März 1220.

XXV. Geroldus Richolferstorf, eines Geschlechts mit den v. Judmann bairischen Adels, wird erwählet den 26 April An. 1220. stunde der Kirche übel vor, und wurde von dem päpstlichen Stuhl den 20 Julii An. 1230. abgesetzt, ist den 29 März An. 1231. gestorben, nachdem er dem Hochstift zu Schaden 10 Jahr, 3 Monat regieret hat.

XXVI. Conradus I. Freyherr von Tölz und Hohenburg, wurde eligirt An. 1230. den 14 Oct. er stiftete 4 Chorvicarius in dem Dom, so dermalen die Pauliner benamset werden, auch das Samstagamt. Er regiert die Kirche mit grösstem Lob 28 Jahr, 2 Monat, 8 Tage, und starbe zu München An. 1258. den 18 Jänner.

XXVII. Conradus II. ein Wildgraf, oder Comes Sylvester, ward erwählet im Monat März Anno 1258. regierte 21 Jahr, starbe am Schlag Anno 1279. im Februario.

XXVIII. Fridericus von Montalbon, des Geschlechtes deren von Schlanderberg, Dompropst wird erwählet den 18 April Anno 1279. stunde dem Stifte nicht länger als 3 Jahr, 7 Monat, 1 Tag doch sehr lieblich vor, und war ebenfalls von dem Schlage berühret den 8. Decemb. Anno 1282.

XXIX. Enicho, Comes Sylvester, des Geschlechtes

schlechtes von Wittelspach, wurde Bischof den 24 Jänner 1283. hat regieret mit größtem Lob 28 Jahr, 6 Monat, 4 Täge, und ist zu Wien gestorben Anno 1311. den 23 Julii.

XXX. Godefridus von Greiffenberg, Domdechant ist erwählet worden den 1. Sept. Anno 1311. restaurirte das Vorhaus, oder Eingang an der Domkirche, starbe den 27 August Anno 1314. nach 3jähriger Regierung.

XXXI. Conradus III. Münchner Patritius, Namens Sendlinger, Decretorum Doctor, erwählt den 3 Octob. Anno 1314. richtete Anno 1319 das Collegiatstift St. Johannis auf, und nachdem er 7 und ein halbes Jahr löblich regieret hat, starb er mit beygebrachten Gift den 12 April Anno 1322.

XXXII. Johannes I. von Guttingen, von dem päpstlichen Stuhl gesetzet 1324. war ein Schwab, vorher Bischof zu Brixen und Bamberg, regierte nicht länger als 5 Wochen, 2 Täge, starb den 26 April 1324.

XXXIII. Conradus der IV. von Klingenberg, ein Schwab, wird noch selbiges Jahr Bischof, regierte 13 Jahre, und ist den 26 Febr. Anno 1337 zu Ulmerfelden gestorben.

XXXIV. Johannes II. von Westerhold ein Westphaler vom Papst Benedicto dem XII. instituiret, war vorher Bischof zu Verden, ein berühmter Medicus, lebt an dem päpstlichen Hofe zu Avignon, allda er auch An 1339. gestorben, da inzwischen zu Freysing Leutoldus Graf von Saumberg Domprobst, beyläufig in dem Jahr 1342. zu einem Bischofen erwählet, die Kirche administrirte.

XXXV. Albertus II. Graf von Hohenberg, Haigerlohe, hat das Bißthum Freysing erhalten den 7 Oct. An. 1349. und stunde der Kirche 9 Jahre, 6 Monat, 18 Täge löblich vor, starb zu Stein in dem Constanzer Bißthum den 15. April An. 1359. liegt begraben zu Rottenburg an dem Neckar in dem Collegiatstift St. Moritz, welches er samt seinen Hrn Vater aufgerichtet.

XXXVI. Paulus aus dem Geschlechte der damaligen Grafen von Harrach, wird Bischof den 2 Julii 1359. starbe den 23 Julii Anno 1377. regierte 18 Jahr, 21 Täge.

XXXVII. Leopoldus von Sturmberg, wird Bischof Anno 1378. ein liebreicher Herr, regierte nur 3 Jahre, dann er zu Lack in Crain über die Brücke abgefallen, und unglücklich ertrunken am St. Oswaldstag den 5 Aug. Anno 1381. liget allda in St. Clara Kloster begraben.

XXXVIII. Bertold von Wäching, Schwäbischen Adels, und der Oesterreichischen Fürsten Kanzler, wird erwählet den 20 Sept. An. 1381. Unter seiner Regierung wurde Freysing durch die Fürbitt der Mutter GOttes wunderlich erhalten: dann als Ludovicus von Ingolstadt selbe in der heil. Weihnachtsnacht zu überrumpeln gedachte, den Stadtpfleger mit Geld bestochen hatte, und mit seinen Völkern ausgezogen war, wurde er die ganze Nacht von den Gespenstern umgeführet, und befande sich bey anbrechenden Tage nächst Ingolstadt, worauf er seinen Fehler erkennet, und der Kirche eine silberne Statuam geschenket. Bertholdus ist zu Neuburg nächst Wien den 7 Sept. An. 1410. gestorben,

D und

und der Kirche 29 Jahre, weniger 13 Tage vorgestanden.

XXXIX. Conradus V. von Hebenstreit, Bischof zu Gurk, wird von Rom aus zu einen Bischof nach Freysing gesetzt den 23 März Anno 1411. regierte nur 1 Jahr, indem er zu Lack von seinem Kammerdiener mit einem Messer erstochen, und die Hand also zu dem Messer gerichtet worden, als hätte er sich selbsten umgebracht, wurde deshalben in dem Schloßgarten begraben: aber unter Nicodemo seinem Nachfolger ward zu Rom der Mörder im Jahr 1429 gefangen, und als er die That bekennet, ist die Nachricht dessen Nicodemo nacher Freysing gegeben worden, welcher Konradum alsdann erheben, und mit großer Solemnität zu Altenlack begraben lassen.

XL. Hermanus, ein Graf von Cylli, wird von dem päpstlichen Stuhl zum Bischofen ernennet den 26 Junii An. 1412. regierte 9 Jahr, 8 Monat, 3 Täge, starb in seinem Vaterlande Cylli den 12 Sept. 1421, als er sich an seiner Ruptur curiren lassen wollte. Aus dem römischen Archiv hat man, daß er den 28 April Anno 1421. kurz vor seinem Tod nach Trient seye transferiret worden.

XLI. Nicodemus, aus dem vornehmen und mächtigen Geschlechte de la Scala bekommt das Bißthum Freysing vom Papst Martino V. den 28 April 1422, und obwohlen Johann Grienwalder erwählet worden, so behauptete doch Nicodemus die Poßeßion mit Hilfe Henrici Herzogs in Niederbaiern. Das von Luca gemahlne

mahlne Frauenbild ist durch Nicodemum in die Domkirche kommen. Nach 12jähriger löblicher Regierung ist er den 13 April 1443. zu Wien gestorben, allda er bey den PP. Augustinern begraben lieget.

XLII. Henricus II. Graf von Schlick, wird vom päpstl. Stuhle abermal gesetzt: dann das Domkapitel Johannem Grienwalder unanimiter eligirt, welche Wahl auch von dem Erzbischofen zu Salzburg, keineswegs aber zu Rom admittirt wurde, und Henricus prævaliret. Doch disponirte der Kaiser Henricum, welcher ohnedem von den bairischen Gütern nichts genossen, und niemals nacher Freysing gekommen, daß er sich mit tausend ungarischen Gulden und der Nutznießung der Herrschaft Oberwels begnügen ließe, und das Bißthum wirklich resignirte. Mithin also Johann für einen rechtmäßigen Bischof erkennet worden den 15 Jänner Anno 1448.

XLIII. Joannes III. Grienwalder gelangte endlich zu ruhiger Besitzung des Bißthums, und nachdem er als ein rechtmäßiger Bischof nicht länger, dann 4 Jahre, 7 Monat, 18 Tage der Kirche vorgestanden, starb er zu Wien den 2. December Anno 1452.

XLIV. Joannes IV. ein Münchner Patritius Namens Tuelböck, Can. Doct. wird durch einmüthige Wahl erwählet den 10 Jan. 1453 nachdem er 20 Jahre dem Hochstift mit größtem Nutzen vorgestanden, resignirte er mit Einverstehen des Domkapitels seinem Kanzler Sixto von Tannberg 1473, brachte seine übrige

Täge in München zu, starb gottselig den 9 May Anno 1476. liegt bey U. L. Frauen begraben.

XLV. Sixtus von Tannberg, von Bernardo Erzbischofen zu Salzburg zu dem Bißthum Gurk zwar benennet, aber wegen Verhinderniß niemal consecriret, wird auf obgedachte Weise Bischof An. 1473. er setzte in der Domkirche die Choralisten ein, er ordnete auch, daß das Fest der unbefleckten Empfängniß Mariä in Choro & Foro solemniter gehalten wurde, regierte seine Kirche 12 Jahre bestens, und starbe in dem Kloster Frankenthal, als er dem Reichstag zu Worms beywohnte den 4 Julii 1495. Er hinterließ 30000 Ducaten.

XLVI. Rupertus, Philippi Pfalzgrafen bey Rhein Sohn, und postuliret den 1 Aug. 1495. nahme Possession, resignirte seinem Bruder Philippo das Bißthum, ist den 3 Dec. Anno 1498. admittirt worden.

XLVII. Philippus nahm Possession am Freytage vor Pfingsten den 17 May 1499. ein frommer friedliebender Fürst: er wurde consecriret am Sonntag nach St. Galli 1507. Er hat einen Theil der Residenz, den sogenannten Nebenbau erbauet, auch etliche Güter zu seiner Kirchen erkauft, war ein wahrer Vater der Armen, regierte rühmlichst 42 Jahr, und starb den 5 Jänner 1541.

XLVIII. Henricus III. Philippi Bruder und Coadjutor zu Freysing, auch Bischof zu Worms, nahm Possession den 5. Oct. 1541. hat U. L. Frau eine Kirch auf dem Gottesacker erbauet, die unterschiedlich in dem Dom gestiftete

tete Beneficia unirt, und die Canonicos St. Joh. in dem Dom transferiret. Er starb den 13 Decemb. 1551. zu Lautenberg, und liegt zu Worms begraben.

XLIX. Leo Lösch, ein Sohn Augusti Lösch Kanzlers zu München: und Anna de Than, wird zum Bischof erwählet den 15 Febr. 1552. stunde der Kirche 7 Jahr, 7 Monat, 22 Täge löblich vor, starbe den 8 April 1559.

L. Mauritius de Sandizel, erwählet den 12 Junii 1559. reparirte den durch Unfleiß der Läutner den 15 Junii 1563. ausgebrannten Domthurm, und schafte das neue Geläut. Trat das Bißthum mit Reservation einer Pension dem Domkapitel ab den 18 Octob 1566, und als dem erwählten Ernesto die Residenz raumen wollte, starb er einen Tag zuvor, nämlich den 26 Febr. 1567. in dem Bad an einem Schlagfluß, nachdem er mit großem Nutzen die Kirche 7 Jahr, 7 Monat, und 6 Täge regieret hat.

LI. Ernestus, Herzog in Baiern, wird selben Tag, als Mauritius resignirt, zu einen Administrator des Hochstifts Freysing gemacht, hatte seinen Einzug den 26 April An. 1568. Er ist gestorben zu Ansperg in Westphalen den 17 Feb. 1612. seines Alters 58 Jahre, nachdem er von dem Tod seines Vorfahrers zu rechnen 45 Jahre, 1 Monat, 22 Täge regieret hatte.

LII. Stephanus von Seypoldstorf, erwählet den 7 May 1612. hat nicht gar 6 Jahre regieret, sondern ist den 18 Jan. 1618. im 39 Jahre seines Alters gestorben.

LIII. Vitus Adamus Gebock, wird erwählet den 12 Febr. 1618. und selbiges Jahr den 24 Junii von Henrico Bischof zu Augsburg consecriret. Starb den 8 Dec. Anno 1651, und hat die Kirche 33 Jahre, 9 Monat, und 26 Tage bestens regieret.

LIV. Albertus Sigismundus, Herzog in Baiern, kommt nacher Freysing den 27 Febr. 1652. war ein großer Liebhaber der Mutter Gottes Mariä, zu dero Ehre er eine Saul auf dem Platz aufgerichtet, auch den Dom mit einem marmorsteinernen Portal und einer großen silbernen Ampel gezieret. Er erbauete Erching, den Hofgarten, und den vor der Residenz in Dom hinüber gerichteten Gang. Starbe den 4 Nov. 1685. hat 33 Jahre, 10 Monat, 27 Tage regieret.

LV. Josephus Clemens, Herzog aus Baiern, Coadjutor Frisingensis & Ratisbonensis, wird zu Rom confirmirt den 9 Oct. 1686. dann die auf ihn gefallene Churcöllnische Wahl den 20 Sept. 1686. gutgeheissen, wird auch Bischof zu Lüttich 1694. und occasione derselben Confirmation den 9 Sept Freysing und Regensburg ad mentem Innocentii XI. vacant declariret.

LVI. Joannes Franciscus Ecker, Freyherr von Käpfing und Lichteneck, gebohren den 18 Oct. 1649, wird erwählt den 26 Jän. 1695. und den 30 Jän. 1696. vom päpstl. Stuhl confirmiret, auch selbiges Jahr noch von Joanne Francisco Bischofen von Brixen consecriret. Er war ein Vater der Armen (und wie ihn Papst Clemens der Eilfte benamset) ein wahrer Hirt

seiner

seiner untergebenen Schäflein, wie solches aus nachfolgenden sattsam erhellen wird. Unter seiner ruhmwürdigster Regierung und Direction ist das heil. Geistspital, der Stadtpfartthurn St. Georgii, auch das Seminarium für die studierende Jugend und Kapellknaben aufgerichtet, An. 17..3. zum erstenmal der marianische Actus der unbefleckten Empfängniß, so jährlich den 8 Dec. fallet, mit einem Eid in dem Dom zu beschützen introduciret. An. 1709. der heil. Nonnosus auf ein neues erfunden, und die Andacht dazu desto mehr durch achttägige Solennität inflammiret worden. An. 1710. ist das Kranken- und Waisenhaus aufgerichtet, und An. 1723 der Dom auf das allerherrlichste mit Malerey und Stockodorarbeit zu jedermanns höchster Verwunderung ausgearbeitet, und gleich darauf das achttägige Jubiläum gehalten. So sind auch von ihm viele Bruderschaften aufgerichtet, viele 1000 Petriner und Religiosen geweihet, viel 1000 gefirmet, viele Kirchen und Altäre consecriret worden, und ist nach so vil gestifteten guten Werken in Gott selig entschlaffen den 23 Febr. 1727.

LVII. Johann Tleodor, aus dem Durchl. Churhause Baiern jüngster Prinz des Durchl. Churfürstens Maximiliani Emmanuelis, gebohren den 3 Sept. 1703. kam durch einstimmige Wahl den 29 Julii 1719 zu dem Bißthum Regenspurg, wurde zum Coadjutorn seines Vorfahrers Joannis Francisci Eckers zu Freysing erwählet den 19 Nov. 1723. succediret auf Absterben ersagten seines Vorfahrers Joan. Francisci, so den 23 Febr. 1727. erfolgt, bekame von em Papst Benedicto XIII. den 8 März desselben Jahres die Administration in Temporalibus, die in Spiritualibus aber vom dem Papst Clemens dem XII. den 14 Sept. 1730, worauf ihm den 1 Oct. e. a. der Churfürst und Erzbischof zu Cölln die bischöfliche Consecration in dem hohen Domstift zu Münster in Westphalen ertheilet, den 23 Jänner 1744. bekame er auch das Bißthum Lüttich, nachdem er zuvor den 19 Sept. 1743 von dem Papst Benedicto XIV. als Kardinal in Pectore creirt, als ein solcher aber anerst den 19 Jänner 1746. publiciret worden. Führte eine sehr milde Regierung, und war ein Vater der armen Wittwen und Waisen, und erbaute das An. 1739 abgebrannte weisse Bräuhaus zu Wörth, verschafte verschiedene Ornat in die hohe Domkirche zu Regensburg, und bezahlte die auf die Einlösung der Herrschaft Donaustauf, dann Wiedererbauung des abgebrannten Marks allda von dem Hochstift gemacht, und noch angehaftete Schulden, starb als ein grosser Verehrer der seligsten Jungfrau Mutter Gottes mit auferbäulichster Ergebung in den Willen Gottes zu Lüttich den 27 Jänner Anno 1763.

LVIII. Clemens Wenceslaus, königlicher Prinz aus Pohlen und Lithauen, Sohn Friderici Augusti Königs in Pohlen und Lithauen, Churfürstens in Sachsen ꝛc. ꝛc. gebohren den 8 Sept. 1739 wurde mit einhelligen Stimmen zu einen Bischofen und Fürsten zu Freysing erwählet den 18 April 1763. wie auch den 27 April selbigen Jahrs zu Regenspurg, dann den 5 Nov. 1764 zu einem Coadjutor seines Vorfahrers des Durchl. Fürsten und Bischofs in Augsburg

Josephs Landgrafens zu Hessen-Darmstadt ꝛc. höchstseligsten Angedenkens, und den 10 August An. 1766. von höchstgedacht Ihro Durchlaucht Bischofen zu Augsburg in dem hohen Domstift zu Freysing consecriret, und nachdem den 10 Febr. Anno 1768. auf höchstgedachte Ihro königl. Hoheit die Wahl eines Erzbischofen und Churfürsten zu Trier ausgefallen, und Höchstdieselbe bey diesem Erzbistum den 25 Febr. die Posseßion genommen, nicht weniger den 29 August durch Absterben weyl. Sr. Durchlaucht Josephen Bischofen zu Augsburg Ihro der Platz zu diesem Bißthum eröfnet, davon auch wirklich Posseßion ergriffen, so wurde sowohl das Hochstift Freysing als Regensburg vi Bullæ Confirmationis Trevirensis eo ipso vacant. Nachdem Ihro nunmehrig Churfl. Durchlaucht zu Trier in diesem Bißthum bis in das 6 Jahr nebst dem wahrhaft auferbäulichsten Lebenswandel die Regierung auf das eifrigst und ersprießlichst angelegen seyn lassen.

LIX. LUDOVICUS JOSEPHUS, aus dem uralten Reichsfreyherrlichen Geschlechte von Welden zu Hochaltingen und Lauphcim, gebohren den 11 May Anno 1727, wurde mit einhelligen Stimmen zu einen Bischofen und Fürsten den 23 Jän. 1769. erwählet, von Sr. päpstl. Heiligkeit Clemens dem XIV. den 22. Junii darauf confirmiret, auch selbiges Jahr in der hohen Domstiftskirche consecriret den 10. Sept. 1769. welchem Gott der Allmächtige eine langwierige beglückte Regierung zum Trost des Bißthums und gesammter Unterthanen allergnädigst verleihen wolle.

****

Kurzgefaßte Ordnung
der Pröbsten und Dechanten der hohen Domkirche zu Freysing von Jahr 842 bis 1780.

Adalphus, Probst der größern Kirche, unter dem Bischof Erchambertus im Jahr 842.

Asmas, Probst unter dem Bischof Abraham um das Jahr 970.

Wernherus, Probst unter dem Bischof Gilbertus um das Jahr 1010.

Erchangerus, Probst unter dem Bischof Ellenhardus im Jahr 1058.

Arnoldus, Probst unter vorstehenden Ellenhardus im Jahr 1074.

Williboldus, Edler von Büllenhoven, ein Bayer, unter dem Bischof Meginwardus um das Jahr 1090. er Williboldus Domprobst gabe zu unser Frau, und heil. Corbinian- Altar sein Gut zu Büllenhofen nächst Mosburg.

Ellenhardus, Graf von Eberstorf aus Oesterreich ein Bruder des Freysingischen Henricus Domprobst im Jahr 1112.

Adelberto, von Harschenhofen ein edler Bayer Domprobst unter dem Bischof Henricus im Jahr 1129.

Höboldus, Domprobst unter dem Bischof Otto im Jahr 1139.

Hermanus,

Hermanus, Domprobst unter vorstehenden Bischof Otto im Jahr 1146.

Albertus, der selige Graf von Sigmaring, ein Schwab, Domprobst im Jahr 1157. wurde zum Bischof erwählet im Jahr 1158.

Engelskalchus, von Achdorf ein edler Bayer, Domprobst uuter dem Bischof Albertus im Jahr 1169.

Friedericus, von Bubenhausen, ein edler Bayer, Domprobst im Jahr 1205.

Otivinus, von Humblen aus dem Geschlechte deren von Judmann und Risolstorf, ein edler Bayer, ehevor Domdechant wird als Dom-Domprobst erwählt im Jahr 1212.

Couradus, von Plantejo, aus dem Geschlecht der Grafen von Plain, ein Bayer, Domprobst im Jahr 1225.

Utto, von dem Berg Albano, sonst Montalban, des Stammen von Schlanderberg Tyrolischen Adels, Domherr und Erzdiacon, wurde Domprobst im Jahr 1231.

Fridericus, von dem Berg Albano, sonst Montalban, Domherr zu Freysing, und Probst zu Andakher in Oesterreich im Jahr 1259. Probst zu Inchin im Jahr 1267. Domprobst zu Freysing im Jahr 1270. wurde zum Bischof in Freysing erwählet 1279. den 18 April.

Heinricus, von Alzay, Domprobst im Jahr 1279.

Eberhardus, Freyherr von Walheim, ein Bayer, Domherr zu Freysing, und Probst zu Werdsee im Jahr 1245. Probst zu Mospurg

spurg im Jahr 1256. wurde Domprobst zu Freysing um das Jahr 1283.

Gerhardus, ein Wildgraf des Stammens der Grafen von Wittelspach und Scheyrn, ein Bruder des Bischofen Enicho, Probst bey St. Andreä im Jahr 1283. Domprobst Anno 1288.

Otto, von Thorr, baierischen Adels, Domherr zu Freysing, und Pfarrer zu Viehkirchen, ist Domprobst worden 1316.

Albrecht, Domprobst um das Jahr 1322.

Conradus, von Thore, ein edler Bayer, Domherr zu Freysing, wurde Domprobst im Jahr 1328.

Leudoldus, Graf von Schaumburg und Julbach, ein Bayer, Domprobst Anno 1336. wurde zwar zum Bischof zu Freysing erwählt den 6 April 1337. von Ihro Päpstl. Heiligkeit aber nicht bestättiget, sondern es wurde an dessen Stelle der von Westerhold, ehevor Bischof zu Verden aufgesetzt.

Johannes, von Amenenburg, bairischen Adels, Domherr zu Freysing, wurde Domprobst Anno 1356. verschaft dem Domkapitel den Zaglhof zu Gertspach im Jahr 1359.

Nicolaus, von Ebenhausen, baierischen Adels, Domherr und Domprobst zu Freysing Anno 1375.

Johannes, Mosburger, ein Sohn des Stephanus des Jüngern Herzogen aus Baiern, Domprobst zu Freysing im Jahr 1382. Er hat von dem Päpstlichen Hof das Regenspurger Bisthum erhalten, ohnerachtet das

Ka-

Kapitul einen andern erwählet hatte Anno 1389.

Jakobus Prumer von Pellhausen, baierischen Adels, Domherr und Domprobst An 1390.

Eglolphus, von und zu Hornbach, baierischen Adels, Domherr und Domprobst An. 1392.

Wilhelmus Schilwax von Schilwaxhausen, baierischen Adels, der Decretalen Doctor, Domherr und Domprobst im Jahr 1418.

Nicolaus, von Gumppenberg, baierischen Adels, Domherr zu Freysing und Augsburg, wurde Domprobst im Jahr 1429, resignirte die Domprobstey 1440.

Johannes Grienwalder, der geistl. Rechten Doctor, Johann Herzogs von München natürlicher Sohn, Domherr zu Freysing, und General-Vicarius Anno 1421. Domprobst Anno 1440. und wurde als Bischof von Freysing erwählt Anno 1443. wovon aber P. Meichelbeck einzusehen.

Udalricus von Nußdorf, baierischen Adels, Domherr und Domprobst An. 1445. wurde Bischof zu Passau 1451.

Udalricus, Riederer von Baar, ein Bayer, Domherr zu Freysing und Augsburg, Kaisers Friederichs des Dritten Kanzler, wurde Domprobst Anno 1454.

Udalricus Axinger von Dürgenfeld, ein edler Bayer, Domprobst Anno 1463. Resignirte die Probstey Anno 1475.

Theodorus Mayr, ein Augsburger Patricier, der Rechten Doctor, Domprobst Anno 1475.

Ludovicus

Ludovicus Pfalzgraf, Herzog aus Bayern, und Graf von Vohburg, Domprobst im Jahr 1507. resignirte Anno 1511.

Georgius Graf von Artenberg, aus Baiern, Domprobst Anno 1511. nahme sich zu einen Coadjutor Leo Lösch Anno 1551.

Leo, Lösch von Hilgertshausen, Doctor, wurde Domprobstey-Coadjutor im Jahr 1551. und Bischof zu Freysing Anno 1552.

Vitus von Frauenberg, wird durch Resignation des Leo Lösch Domprobst im Jahr 1553 ist zum Bischoft in Regensburg erwählt worden Anno 1563. den 27 Dec. resignirte die Freysinger Domprobstey dem Alexander Fugger Anno 1563.

Alexander Fugger, Freyherr von Kirchberg, Domprobst Anno 1563. nahme sich zu einem Coadjutor den Antonius Welser Anno 1611.

Antonius Welser, ein Patricier von Augsburg, Domprobst Anno 1612. hatte zu einem Coadjutor den Renpoldus, einen aus seiner Schwester abstammenden Enkel.

Johannes Baptista Renbold, ein Augsburger Patricier, Auditor Rotæ Romanæ, & utriusque signaturæ Referendarius; erhielte den Besitz der Domprobstey im Jahr 1618.

gelangte als Domprobst zum Besitz Anno 1630.

Friedericus, der heil. römischen Kirchen Kardinal, Durchl. Landgraf von Hessen, besitzte die Domprobstey Anno 1668. resignirte Anno 1673.

Johannes Sigismundus, Freyherr v. Zeller, von und zu Leyberstorf, Herr in Kleinstetten, wurde als Domprobst eingesetzt im Jahr 1673, nahm für seinen Coadjutor Johann Franciscus Freyherrn von Donnersperg.

Johannes Franciscus Bernardus Ignatius Theodorus Freyherr v Donnersperg, Domherr, gelangte zum Besitz als Domprobst im Jahr 1730, nahm sich zu einem Coadjutor den Freyherrn Ludwig Joseph von Welden.

Ludovicus Joseph, Reichsfreyherr von Welden, Domherr und Coadjutor, wurde Domprobst im Jahr 1768. den 17 März, wird zum Bischof erwählt An. 1769. den 23 Jän.

Christoph Franz Benno Ecker, Freyherr von Käpfing und Lichteneck, Domherr zu Freysing und Augsburg, wurde Domprobst Anno 1770. den 2 März, nimmt sich zu einem Coadjutor den Reichsfreyherrn von Hornstein.

Domdechanten des hohen Domstifts Freysing.

Udalricus, Dechant und Erzpriester unter Bischof Erchambertus im Jahr 842.

Chuno, Graf von Mosburg, Chorbischof und Dechant, übergab seine Abtey zu Mosburg d r Kirchen zu Freysing im Jahr 915.

Udalricus, Lehrer der Brüder, Dechant unter Bischof Ellenhardus um das Jahr 1060.

Adalberto von Törring ein Baier, Domherr zu Salzburg und Freysing, wurde Dechant im Jahr 1082.

Meginhardus, Dechant unter dem Bischof Meginwardus im Jahr 1090.

Henricus, Graf von Schwidmunskirchen, ein edler Baier, Domherr, Dechant und Erpriester Anno 1103.

Engelschalcus, von Könnigsekh, ein edler Schwab, Dechant unter Bischof Henricus im Jahr 1112.

Adalbertus, von Laymingen, ein edler Baier, Domdechant Anno 1129.

Chuno, Graf zu Andechs und Diessen, ein Baier, Domdechant im Jahr 1144.

Udalricus, von Sulzberg, ein edler Baier, Domdechant Anno 1147.

Adalbertus, von Vert, aus dem Geschlecht der Freyen von Laber, Domdechant Anno 1157. machte eine Stiftung in die Domkirche mit einem Hof zu Eberbach.

Engel-

Engelkhalcus, von Seefeld, ein edler Baier, Domherr und Scholasticus, dann Domdechant Anno 1163.

Gertolfus von Hausen, ein edler Baier, Domdechant im Jahr 1174.

Berchtoldus von Gebalspach, ein edler Baier, Domdechant Anno 1181.

Orttwinus von Humblen, aus dem Geschlechte deren von Judman und Reichelstorf, ein Baier, Domherr zu Freysing und Probst zu Schliersee, dann Domdechant im J. 1195.

Conradus Graf von Schaumberg und Julbach, Domherr zu Freysing, und Probst bey St. Veit, dann Domdechant An. 1214.

Bernhardus von Waldekh, baierischen Adels, Domdechant Anno 1217.

Rudolphus Graf von Biburg, baierischen Adels, Domdechant Anno 1222.

Eberhardus Sibenpreit, Domdechant Anno 1227.

Hartmidas von Aich, baierischen Adels, Domdechant Anno 1258.

Conradus, des Geschlechts der Grafen von Julbach und Schaumberg, Domdechant Anno 1262.

Otto, Sappo Dechant Anno 1263.

Henricus von Schönbrunn, baierischen Adels, Domdechant 1278.

Gottfridus von Greifenberg, baierischen Adels, Domdechant Anno 1303. wurde Anno 1311. den 1. Sept. zum Bischof von Freysing erwählt.

Otto von Machselran, baierischen Adels, folget

get dem Bischof Gottfridus in der Domde=
chantey Anno 1311. Probst zu Mosburg
Anno 1322. Generalvicarius Anno 1346.

Henicus von Pollheim, österreichischen Adels,
Erzbischofen Wilibaldus zu Salzburg Bru=
der, Domdechant im Jahr 1347.

Eberhardus von Gumppenberg, baierischen
Adels, wurde Domdechant Anno 1358.

Wernherus Harring von Ratmanstorf, baie=
rischen Adels, Domdechant Anno 1358.

Berchtoldus von Frauenberg zu Haag und
Prunnhausen, wurde Domdechant An. 1370.

Eglolfus von und zu Hornbach, Domdechant
im Jahr 1378.

Jacobus Pruner von Pellhausen, baierischen
Adels Domherr und Domprobst An. 1390.
Domdechant Anno 1392.

Conradus Fölkner, baierischen Adels, wurde
anstatt vorgehenden Jacob Pruner Domde=
chant Anno 1394.

Fridericus von Fraunberg, zum Haag und
Prunckhausen, wurde Domdechant An. 1402

Hilbrandus von Kammer, baierischen Adels
Domherr und Probst bey St. Andreä An.
1408. Domdechant Anno 1416.

Henricus Judman von Staingrieß, baieri=
schen Adels, Domherr und Probst bey St.
Veit Anno 1402. Domdechant Anno 1426.

Casparus von Neudorf, baierischen Adels,
wurde Domdechant Anno 1436. starb noch
selbiges Jahr.

Heinricus von Schmichen, baierischen Adels,
wurde Domdechant An. 1436 resignirte das
Dechanat

Dechanat Anno 1451. wurde Pfarrer zu
Zell im Ziellerthal, Salzburger Bißthums.

Johannes Tyredl von Schaldorf, baierischen
Adels, ware Domscholasticus und Generalvicar. An. 1436. wurde Domdechant A. 1451.

Johannes Simonis, der Decretalen Licent.
ein gebohrner Freysinger, bürgerlichen Standes, Domherr und Probst bey St. Johann
Anno 1450. Generalvicar 1454. zum Domdechant erwählt im Jahr 1457.

Johann vom Lamberg, Crainerischen Adels,
der geistlichen Rechten Doctor, wurde Domdechant Anno 1479.

Sigismundus Sanftl, beeder Rechten Doctor, ein Augsburger Patricier, wurde
Domdechant Anno 1505.

Degenhardus, von und zu Weichs, Domherr und Domdechant Anno 1519.

Antoninus von Alberstorf, pfälzischen Adels,
ein Augsburgischer Priester, wurde Domherr Anno 1516. Domdechant 1539. Probst
zu Isen Anno 1552. Custos Anno 1555.
ware ein berühmter hochgelehrter Mann,
wurde von den Stiftern Salzburg, Freysing,
Regensburg, und Passau nach Trident zu
der großen Kirchenversammlung geschickt.

Johannes Rudolphus von Hohenegg, schwäbischen Adels, Domherr Anno 1546. Domdechant Anno 1560.

Johannes von und zu Adlzhausen auf Wey-
kertshofen, baierischen Adels, Domherr zu
Freysing, Eichstett und Augsburg, wurde
zum Domdechant erwählt Anno 1562.

Christo-

Christophorus Gail, der Gottesgelehrtheit Licentiat, der Domdechantey Coadjutor, hat den Besitz durch ein apostolisch Breve als Domdechant erhalten Anno 1580.

Johannes Bangratius Rumbler, der Gottesgelehrtheit Doctor, wurde zum Domdechant erwählt Anno 1583.

Udalricus Hacker, beeder Rechten Doctor, aus Schwaben, ist Domdechant worden Anno 1594.

Johannes Christophorus Hörwart von Hohenburg, beeder Rechten Doctor, ein Augsburger Patricier, wurde Domdechant Anno 1610.

Wilhelmus v. Königsfeld zu Gütting, Domdechant Anno 1619.

Johannes Georgius von Puech, zu Tham, und Walchersaich, Domherr und Domkustos Anno 1622. Domdechant Anno 1625.

Johannes Georgius von Nöhling zu Hermgeu, ein Augsburger Patricier, der Gottesgelehrtheit Doctor, Domherr und Probst bey St. Veit Anno 1632. Domdechant 1658.

Johannes Sgismundus von Neuhaus, Freyherr von Greifenfels, Domkapitular, und Scholasticus, dann Domdechant An. 1665.

Johannes Franciscus Ecker, Freyherr von Köpfing und Lichtenegg, Kapitular, wurde zum Domdechant erwählt An. 1684. den 28 Jänner, und zum Bischof zu Freysing den 26 Jänner Anno 1695.

Andreas Lenzer, der Gottesgelehrtheit Doctor, Domkapitular, wurde von Sr. päpstlichen

lichen Heiligkeit zum Domdechant ernennt Anno 1699.

Johannes Heinricus Dominicus des H.R.R. Graf von Hohenwaldeck und Machselrain, Domkapitular und Domdechant An. 1698. den 18 Octob.

Johannes Christian Adamus Josephus Antonius Maria Graf von Königsfeld auf Zaizkofen, Domherr zu Freysing und Regensburg, Bischof zu Cretrian, wurde Domdechant den 6 May 1727.

Joseph Aloysi Franz Freyherr von Edlweck, beeder hohen Domstiftern Freysing und Passau Domherr, dann Probst bey St. Veit, wurde Domdechant den 8 August 1766.

Joseph Dominicus Benedict Franz Xav. Joh. Nepom. Graf von Taufkirch, dann Probst bey St Andreä, wurde Domdechant den 5 April 1770.

Johann Adalbert, Reichsfreyherr von Bodmann, beeder hohen Domstiftern Freysing und Regensburg Domkapitular, und Probst bey St. Martin in Landshut, ist zum Domdechant erwählet worden den 21 Julii 1772.

SCHE-

SCHEMATISMUS
des
Hochfürstl. Hochstifts zu Freysing.

Das höchste Oberhaupt
des
Hoch = und Domstifts, auch des
ganzen Bißthums sind
Ihro Hochfürstl. Gnaden
der Hochwürdigste Fürst, und
Herr Herr

Ludwig Joseph,

Bischof und des Heil. R. R. Fürst
zu Freysing,
aus dem Reichsfreyherrlichen Geschlechte von Welden
von Hochaltingen und Laupheim ɾc. ɾc.

Unser gnädigster Landsfürst, und
Herr Herr.

Das Hochwürdige Domkapitul des hohen Domstifts Freysing.

I.

Der hochwürdig - hochwohlgebohrne Herr Herr Christoph Franz Benno Eckher, Freyherr v. Käpfing und Lichteneck, des hohen Domstifts Freysing infulierter Domprobst und Senior Jubilæus, Domkapitular zu Augsburg, Churfürstl. Trierisch - dann Hochfürstl. Freysingischer und Augsburgischer wirkl. geheimer Rath. Aufgeschworen den 15 Julii 1721. Kapitular den 25 Julii 1738.

II.

Der hochwürdig - hochwohlgebohrne Herr Herr Johann Adalbert, des H. R. R. Freyherr von Bodmann zu Steißling, und Weichs, Domdechant und Erzpriester, wie auch Hofrathspräsident, dann des hohen Domstifts Regensburg Kapitular, Summus Custos, und geistlicher Raths- Vicepräsident, Sr. Churfl. Durchleucht zu Trier, dann Hochfürstl. Freysingischer und Regensburgischer wirkl. geheimer Rath, des Churbaierischen hohen Ritterordens St. Georgii Kommenthurdechant, infulierter Probst des Churfürstl. Collegiatstifts zu St. Martin in Landshut, wie auch Probst zu St. Emmeran im Spalt. Aufgeschworen den 9ten Junii 1756. Kapitular den 25 Julii 1768.

III.

Der hochwürdig - hochwohlgebohrne Herr Herr Johann Anselm, des H. R. R. Freyherr von Westernach, Herr auf Cronburg, und Oettingen, Domscholasticus, und des hohen Domstifts Augsburg Domdechant und Archidiaconus, dann Hochfürstl. Freysingischer und Augsburgischer wirkl. geheimer Rath, und des löbl. Collegiatstifts St. Zenonis in Isen Probst. Aufgeschworen den 13 Junii 1750. Kapitular den 25 Julii 1760.

IV.

Der hochwürdig - hochwohlgebohrne Herr Herr Christoph Franz Benno Ecker, infulierter Dompropst, und Senior Jubilæus, v. p. i.

V.

Der hochwürdig - hochgebohrne Herr Herr Antonius Ernestus Franciscus des H. R. R. Graf von Breuner, des hohen Domstifts Passau Kapitularherr und Generalvicarius in Spiritualibus ob der Enns, Hochfürstl. Freysingischer wirkl. geheimer Rath und Probst des löblichen Collegiatstifts St. Veit ob Freysing. Aufgeschworen den 24 Dec. 1742. Kapitular den 25 Julii 1752.

VI.

Der hochwürdig - hochgebohrne Herr Herr Ernestus Johann Nepom. des H. R. R. Graf von Herberstein, Hochfürstl. Freysingischer wirkl. geheimer Rath, des hohen Domstifts Passau Kapitularherr, Bischof zu Eucarpien, dann Sr. Hochfürstl. Eminenz zu Passau Unterterennzischer Officialis, und Vicarius Generalis in Spiritualibus Pontificalibus, und des löblichen Collegiatstifts St. Andrea zu Freysing Probst. Aufgeschworen den 4 May 1746. Kapitular den 5 Julii 1759.

VII.

Der Hochwürdig-Reichshochwohlgebohrne Herr Herr Franz Eustachi Freyherr v. Hornstein in Göpfingen, des Fürstl. hohen Domstifts Freysing Coadjutor Præpositruæ, dann des Fürstl. Hochstifts Augsburg Kapitularherr, Sr. Churfürstl. Durchleucht zu Trier wirkl. geheimer Rath, auch erster Staats- und Conferenzminister, Hochfürstl. Freysingischer wirkl. geheimer Rath, Hofkammerpräsident, dann zu St. Petersberg, genannt Madron, Probst. Aufgeschworen den 13. Jänner 1751. Kapitular den 25 Julii 1761.

VIII.

Der hochwürdig-hochwohlgebohrne Herr Herr Egidi Oswald Freyherr Colona von Vols auf Schrenkenberg, und Castro-Pressel, Hochfürstl. Freysingischer wirkl. geheimer Rath und geistlicher Rathspräsident, dann Officialis, wie auch des hohen Domstifts Brixen Kapitularherr und Thesaurarius, dann Probst des löblichen Collegiatstifts St. Johann Bapt. zu Freysing. Aufgeschworen den 18 Julii 1752. Kapitular den 25 Julii 1767.

IX.

Der hochwürdig-hochgebohrne Herr Herr Max Procop, des H. R. R. Graf von Törring-Jetten-

Jettenbach, Herr der Herrschaften Törring, und Tengling, des hohen Domstifts Regensburg Kapitularherr, Churbaierischer wirkl. geheimer und geistlicher Rath, Hochfürstl. Freysingischer geheimer und wirkl. geistlicher Rath, Vicehofkammerpräsident, und Summus Custos, und Hochfürstl. Regensburgischer wirkl. geheimer und Consistorialrath, dann des Churbaierischen hohen Ritterordens St. Georgii Kommenthur und Dechant, und des löblichen Collegiatstifts in Straubing infulirter Probst. Aufgeschworen den 7. Febr. 1759. Kapitular den 25 Julii 1770.

X.

Der Hochwürdig-hochgebohrne Herr Herr Joseph Karl, des H. R. R. Graf von Lerchenfeld auf Köfring, des Fürstl. Hochstifts Regensburg Kapitularherr, und Capellanus Imperialis, Hochfürstl. Freysingischer Hofrath. Aufgeschworen den 20 Febr. 1759. Kapitular den 25 Julii 1772.

XI.

Der hochwürdig-hochgebohrne Herr Herr Joseph Anton, des H. R. R. Graf von Königsfeld, auf Zaitz und Pfäckofen, Hochfürstl. Freysingischer Hofrath, dann des löbl. Collegiatstifts zu St. Wolfgang Probst, und des Churbaierischen hohen St. Georgii Ritterordens Kommenthurdechant. Aufgeschworen den 5 April 1759. Kapitular den 25 Julii 1772.

XII.

Der hochwürdig-hochwohlgebohrne Herr Herr

Herr Ludwig Adam Freyherr von Ezdorf, des hohen Domstifts Regensburg Kapitularherr, Hochfürstl. Freysingischer Hofkastner, dann des hochadelichen Ritterordens St. Michaelis Großkreuz und Kommendeur. Aufgeschworen den 3 August 1762. Kapitular den 25 Julii 1772.

XIII.

Der hochwürdig - hochwohlgebohrne Herr Herr Karl, des H. R. R. Freyherr Roth von Schreckenstein, des hohen Domstifts Constanz Domherr. Aufgeschworen den 26. Sept. 1769. Kapitular den 25 Julii 1777.

XIV.

Der hochwürdig - hochgebohrne Herr Herr Franz Emmanuel, des H. R. R. Graf von Törring-Gronsfeld zu Jettenbach, des Churbaierischen hohen St. Georgii Ritterordensritter, und zwenter Ordenskaplan. Aufgeschworen den 20 März 1770. Kapitular den 25 Julii 1775.

XV.

Der hochwürdig - hochwohlgebohrne Herr Herr Johann. Nepom. Franz Xav. Joseph Theodor Freyherr von Ströhl, Hochfürstl. Freysingischer wirkl. geistlicher Rath. Aufgeschworen den 26 März 1771. Kapitular den 25 Julii 1778.

Domicellares.

I.
Der hochwürdig ‒ wohlgebohrne Herr Herr Erdmannus Indobler, SS. Theol. Doctor, Hochfürstl. Freysingischer wirkl. geheimer Rath, und geistlicher Raths ‒ Director, dann des löbl. Collegiatstifts St. Andreä Can. Capitularis. Aufgeschworen den 26 May 1772.

II.
Der hochwürdig ‒ hochwohlgebohrne Herr Herr Johann Bapt. Wilibald Maria Joseph des H. R. R. Freyherr von Freyberg und Eisenberg. Aufgeschworen den 8 August 1772.

III.
Der hochwürdig ‒ wohlgebohrne Herr Herr Franciscus Joseph Johann Nepom. Leopoldus von Stengel, beeder Rechten Doctor, Hochfürstl. Freysingischer wirkl. geistlicher Rath, und des löbl. Collegiatstifts St. Andreä zu Cölln Probst, dann des hochadelichen Ritterstifts zu Wimpfen im Thal Can. Capitularis. Aufgeschworen den 18 August 1773.

IV.
Der hochwürdig ‒ hochwohlgebohrne Herr Herr Damian Hugo, des H. R. R. Freyherr von und zu Lehrbach, Hochfürstl. Freysingischer geistlicher Rath, dann Pfarrer zu Wambach. Aufgeschworen den 28 April 1775.

V.
Der hochwürdig ‒ hochgebohrne Herr Herr Caspar, des H. R. R. Graf von Sternberg,

des hohen Domstifts Regensburg Domherr. Aufgeschworen den 29 Dec. 1775.

VI.

Der hochwürdig - hochgebohrne Herr Herr Joseph, des H. R. R. Graf von Herberstein. Aufgeschworen den 17 October 1775.

VII.

Der hochwürdig - hochwohlgebohrne Herr Herr Clemens August, Freyherr von Waldkirch, des hohen Domstifts Regensburg Domherr. Aufgeschworen den 10 August 1776.

VIII.

Der hochwürdig - hochwohlgebohrne Herr Herr Maximilian Joseph Freyherr von Waldkirch, des Hochfürstl. Hochstifts Augsburg Domherr. Aufgeschworen den 19 Junii 1778.

IX.

VACAT.

Des Hochwürdigen hohen Domstifts Canonici zu St. Paul.

Der hochwürdig- und hochgelehrte Herr Ignatz Doll, Ss. Theol. & SS. Can. Cand. des hochwürdigen Domkapituls Archivarius, & Bibliothecarius, & Curatus.

Der hochwürdig- und hochgelehrte Herr Johann Adam Lach, SS. Theol. & SS. Can. Cand.

Der hochwürdig-und hochgelehrte Herr Mathias Schmid, SS. Theol. & SS. Can. Cand.

Herren

Herren Chorvicarii, und Beneficiaten.
Herr Gallus Maximilian Rabstein.
Herr Franz Anton Schmölz, Præsentiarius.
Herr Nonnosus Ableutner.
Herr Johann Schneidmandl, Benefic.
Herr Johann Phil. Platner von Serau, Primissarius & Curatus.
Herr Franz Karl Zaubzer.
Herr Anton Schäffler.
Herr Aloysius Bacher, Weldischer Benefic.

Domprediger.
R. P. Carpophorus Westhauser, O. S. P. Francisci Pænitentiarius.

Dombeichtvater.
R. P. Gallicanus Mallia, O. S. P. Francisci.
R. P. August. Sippenpöck, O. S. P. Franc.

Des hohen Domkapitels Beamten, und Officianten.

Syndicus.
Herr Ruprecht Ehrne, J. U. Lic. churbaierischer wirkl. Hofrath.

Archivarius & Bibliothecarius.
Der hochwürdig-und hochgelehrte Herr Ignatz Doll. v. p. 7.

Rentmeister.
Herr Franciscus de Paula Wagenbaur.

Kastner.
Herr Franz Eustachi Werner, auch Spitalverwalter und Kapitelrichter bey St. Johann.

Hoch-

Hochfürstlich-
Freysingischer Hofstaat.

Erbämter
des Hochfürstl. Hochstifts Freysing.

Erbmarschall.

Titl. der hochwohlgebohrne Herr Herr Joh. Bapt. Nicola, des H. R. R. Frey- und edler Herr von Pienzenau, Herr der Herrschaften Wildenholzen, Hartmanschlag und Niederpering, Churbaierischer Kammerer, und Obristlieutenant, dann des hochadelichen Ritterordens St. Georgii Ritter, und der löbl. Landschaft in Baiern Rittersteuer Rentamts Straubing, wie auch des hochfürstl. Domstifts Passau Erbtruchses.

Erbkammerer.

Titl. der hochwohlgebohrne Herr Herr Joseph Ignatz, des H. R. R. Freyherr von Weichs, auf Falkenfels, Aschen, Rißmannsdorf, Loitzendorf, Sattlbeilnstein, Tragenschwand und Schalldorf, Churbaierischer Kammerer, geheimer Rath, und Vicedom zu Straubing, dann Pfleger, Kastner, Maumer und Hauptmann zu Deggendorf, auch Pfleger zu Natternberg, und des hochadelichen Ritterordens St. Georgii Ritter.

Erbschenk.

Titl. der hochgebohrne Herr Herr Johann Max. Xav. des H. R. R. Graf von Preysing, Freyherr zu Altenpreysing, genannt Kronwinkel, Herr der freyen Reichsherrschaften Regberghausen und Ramsperg, auch der Herrschaften Hochenaschau, Wildenwart und Falkenstein, dann der Hofmärkten Alt- und Neuenbeyrn, Brannenburg und Reicherspeyern und Aufhausen ꝛc. Churbaierischer Kammerer- und Pfleger zu Rosenheim, in Ober- und Niederbaiern, dann der löblichen Landschaft in Baiern verordneter Rittersteurer Rentamts München, und des hochadelichen Ritterordens St. Georgii Ritter.

Erbtruchses.

Titl. der hochgebohrne Herr Herr Maria Sigmund Graf von und zu Freyen-Seyboldstorf, Churbaierischer Kammerer, und Regierungsrath zu Landshut.

****

Hochfürstliche Hofämter.

Oberst-Hofmeisteramt.

Oberst-Hofmeister.

Wird dermal von Titl. Herrn Oberstallmeister versehen.

Geheimer Kabinetssekretär.

Herr Michael Karl von Branca, hochfürstl. wirkl. Hofrath.

Obrist = Hoffkaplan.

Der hochwürdig=hochwohlgebohrne Herr Friederich Carl Freyherr von Karg, auf Bebenburg, des löbl. Collegiatstifts St. Martin und Castulus in Landshut Canonicus, Stiftspfarrer und Ruraldechant.

Hochfürstl. Beichtvater.

R. P. Gallicanus Mallia, O. S. P. Francisci.

Hochfürstl. Hofkapläne.

Der hochwürdig = hochgelehrte Herr Wilhelm Joseph Pauli, SS. Theol. & SS. Can. Cand. Canonicus bey St. Johann Baptist.

Der hochwürdig = hochgelehrte Herr Franz Xav. Ettmüller, SS. Theol. Doctor.

Hochfürstl. Titularkapläne.

Der hochwürdig = hochgelehrte Herr Johann Philipp Platner von Serau, Primissarius Curatus.

Der hochwürdig = hochgelehrte Herr Mathias Schmid, v. p. 7.

Kapelldiener.

Joseph Schmid.

Hochfürstl. Leibmedicus.

Herr Maxim. Phil. des H. R. R. Edler von Sänftl, Hochfürstl. Hofrath, dann Stadt- und Criminalphysicus.

Hochförstl. Hofmedici.

Herr Jacob Ecker.
Herr Andreas Zollner.

Hochfürstl. Hofapoteker.

Herr Joseph Salzer.

Hochfürstl. Chirurgus.

Herr Anton Weiß.

Hochfürstl. Büchsenspanner.

Herr Anton Mayr.
Franz Laber, desselben Jung.

Hochfürstl. Leibgarde Trabanten.

Lieutenant.

Monsieur Georg Louis Korps.
Rottmeister, Herr Johann Georg Schmid.
Vicerottmeister, Herr Rochus Euseb. Sáles.
Nebst achtzehn Herren Trabanten.

Oberst-

Oberst-Hofmarschallamt.
VACAT.
Wird dermalen von Titl. Herrn Oberststallmeister versehen.

Staabscommissarius.
Herr Johann Bapt. Braun, J. U. Licent. wirkl. Hofrath.

Actuarius.
Herr Franz Xaveri Morasch, Kanzellist.

Hoffourier.
Herr Andreas Bolck.

Hochfürstl. Kammerdiener.
Herr Ludwig von Gaza, Kammerschreiber.
Herr Anton Hofmann, Burgpfleger.
Herr Johann Mampieri.
Herr Johann Georg Ferdinand Hanickel, Garderobemeister.
Herr Andreas Bolck.
Herr Ignatz Aloys Freyh.

Hochfürstl. Titularkammerdiener.
Herr Andreas Hölzl.

Hochfürstl. Kammerportier.
Herr Ignatz Goßler.
Herr Franz Xav. Corneli.

Kammerlaquai.
Herr Aloysius Niederreiter.

Ritterportier.
Felix Goßler.
Franz Laber.

Hochfürstl. Garderobemeister.
Herr Johann Georg Ferdinand Hanickel.

Garderobediener.
Herr Aloysius Niederreitter.

Hochfürstl. Leinwandmeisterin.
Jungfer Maria Anna Heinrichin.
Maria Johanna Elmerin, Hofwäscherin.
Hofmahler, Herr Johannes Deyrer.
Hofspiegelmacher, Herr Franz Greibig.
Hofkirschner, Herr Franz Xaveri Beheim.
Hoftapezier, Herr Franz Waßen.

****

Hochfürstl. Hofküchenamt.
Wird dermalen von Titl. Herrn Oberststallmeister versehen.

Hofküchenschreiber.
Herr Joseph Vincenz Märck.

Ziergarten-

Ziergartendiener.
Joseph Thallhamer.

Mundköche.
Herr Martin Rammer.
Herr Mathias Mayr.   Ein Gehilf.
                        Zwey Jung.

Bratmeister.
Herr Franz Thallhamer.

Hofcanditor.
Herr Friedrich Märck.

Silberdiener.
Herr Jakob Welsseneder.
                        Ein Jung.

Tafeldecker.
Herr Mathias Stängel.
Silberspielerin, Anna Maria Karrin.
Hoffischer, Jakob Glück.
Hofmezger, Johann Georg Furthmayr.
Hofkerzenmacher, Joseph Wolf.

Hochfürstl. Kelleramt.
Herr Joseph Vincenz Märck, Mundschenk und Kellermeister.
Herr Barthol. Hueber, Mund- und Pfisterbäck.
Kellerdiener, Joseph Peibel.

Hochfürstl.

Hochfürstl. Hofgärtner.

Herr Karl Heidenkampf, Hofgärtner in Freysing, ein Gesell und ein Jung.
Herr May. Heidenkampf, Küchengärtner zu Freysing, ein Jung.
Herr Franz Joseph Heidekampf, Hofgärtner zu Ismaning, ein Gesell, zwey Jung.

Hochfürstl,
Hof- und Kammermusik.

Kapelmeister.

Herr Placidus Cajetanus von Cammerloher, Can. ad S. Andream.
Kammercompositeur, Hr. August. Ollinger.

Sopranistinnen.

Sig. Anna Catharina Grönin.
Juliana Lechnerin.
Theresia Landlspergerin.

Tenoristen.

Hrn. Anton Schäffler.
Fortunatus Kürzinger.
Joseph Hieb.

Baßisten.

Hrn. Nonnosus Ableutner.
Franz Pfärtl.
Mathias Schmid.

Kapellpräfect.
Herr Fortunatus Kürzinger.
Suprani 4 • • • • Altistä 3.

Organisten.
Herr Augustinus Ollinger.
Herr Joseph Perger.

Violinisten.
Hrn. Joseph Otter.
Joseph Schönstern.
Ignatz Fellner.
Mathias Federl.
Carolus Sterr.
Xaveri Hilber.
Joseph Paullus.
Urbanus Schickeneder.

Houtboisten.
Hrn. Joseph Mettuna.
Karolus Sterr.

Floutraversisten.
Hrn. Karolus Sterr.
Xaveri Hilber.

Waldhornisten.
Hrn. Mathias Federle.
Urbanus Schickeneder.

Clarinetisten.
Hrn. Karolus Sterr.
Philipp Jaköb Kiener.

Violon-

Violoncelisten.
Hrn. Johann Stegmayr.
Joseph Eder, Kammervirtuos.

Bracisten.
Hrn. Franz Wiest.
Sebastian Wiest.

Contrabaßisten.
Hrn. Johann Phil. Oeri.
Georg Stegmayr.
Caliant, Georg Schindelweck.

****

Oberst - Stallmeisteramt.

Oberststallmeister.
Se. Excellenz der hochwohlgebohrne Herr Herr Heinrich des H. R. R. Freyherr von Welden auf Hochalting und Laupheim, beeder Churfürstl. Durchl. zu Trier, und Baiern Kammerer, Hochfürstl. Freysingischer wirkl. geheimer Rath, Stadtcommendant zu Freysing, dann bey dem Baadenbaadischen Regiment des löbl. Schwäbischen Kreises Oberstlieutenant, und des hochadelichen Ritterordens St. Michael Großkreuz und Commenthur.

Staabscommissarius.
Herr Max. von Steinhauser, J. U. Licent. Hofrath.   Actua-

Actuarius.
Herr Johann Bapt. Paumer, Cancellist.

Oberbereiter.
Herr Sigmund von Greibich.

Hochfürstl. Hoftrompeter.
Hrn. Christoph Eder, Ober- Hof- und Feldtrompeter.
Theophilus Joseph Peicker, Hof- und Feldtrompeter.
Christoph Jakob Schmid, Hof- und Feldtrompeter.
Philipp Jakob Kiener, Hoftrompeter.
Franz Xaveri Holl, Hoftrompeter.
Hofpaucker, Herr Johann Erhard Schiffauer.
Ein Pauckenträger.

Hoflaquais.
Hrn. Franz Giott.
Johann Michael Kalchner.
Joseph Setzer.
Joseph Schmied.
Franz Anton Schöftl, Zimmerbutzer.
Mathias Karrer.
Xaveri Hilber.
Bartholomä Schöftl.

Laufer.
Jakob Erhart.
Franz Xaveri Veit.

Hof-Futtermeisteramt.

Hof-Futteramtsschreiber.
Herr Johann Lorenz Sondermayr.

Heu- und Wagmeister.
Theodor Kastl.

Roßart.
Albanus Frankenreiter.

Hofschmid.
Mathias Guglsperger, 2. Gesell.

Stallparthey.
Johann Gottfried Orff, Leibkutscher.
Georg Thißinger, Leibvorreiter.
Anton Mayr, Kutscher.
Anton Vorhauer, Vorreiter.
Johannes Rauh, Mitteljung.
Ignatz Seidl, Sattelknecht.
Balthasar Schwerr, Reitknecht.
Mathias Gerstl, Postknecht.
Anton Bopp, Postknecht.
Johann Härtl, Klepper.
Nicolaus Glück, Bürschknecht.
Mathias Lorenz, Fuhrknecht.
Georg Weingartner, Fuhrknecht.
Wendelin Müller.
Joseph Apershauser.

Obersts

Oberst=Jägermeisteramt.

Oberjägermeister.

Se. Excellenz der hochwohlgebohrne Herr Max. Joseph, des H. R. R. Freyherr von Frauenberg, beeder Churfürstl. Durchl. zu Trier und Baiern Kammerer, Hochfürstl. Freysingischer wirklicher geheimer Rath.

Forstamtsverweser.

Herr Johann Ludwig Eckhard, wirkl. Hofkammerrath und Gejaidsbeamter.

Hochfürstl. Jägerhaus in Freysing.

Meisterjäger.

Herr Corbinian Puchböck, Aumeister in Pürkeneck.
Thomas Gerbl, Jägerjung.

Revierjäger der Auen und der Ueberwuhr bis Greineck.

Aumeister, Herr Caspar Spegele.
Max. Haberkorn, des obern Forst Revierjäger.
Michael Gerbl, des untern Forst Revierjäger.
Franz Wurmer, Revierjäger der Gadner Au.
Franz Gerbl, der Maßlinger, und obern Au bis an Rieger.
Franz Staudinger, der Humbler Auen und Hagenau Revierjäger.
Anton Mayr.

Reichsgraffchaft Ismaning.

Hr. Gabriel Kölle, Ueberreiter zu Ismaning.
Ignatz Steinhard, Aumeister zu Erching.
Joseph Lipert, Revierjäger und Forster des Prielholz. Emeritus.
Theodor Kölle, Jung allda.

Reichsgraffchaft Werdenfels.
Gärmisch.

Forst- und Wildmeister, Hr. Thaddäus Peter.
Herr Joseph Enz, Oberjäger.
Lorenz Bschel, Jäger zu Bartenkirch.
Georg Bischel, Revierjäger.
Anton Seybolt, Revierjäger.
Martin Ostler, Revierjäger der Greinau.

Mittenwald.

Hr. Martin Heiß, Oberjäger.
Lorenz Brand, Revierjäger.
Joseph Wurmer, Revierjäger.
Joseph Trisperger, Revierjäger.

Pflegamt Ottenburg.

Thomas Wurmer, Revierjäger.

Pflegamt Mässenhausen.

Hubert Hagen, Revierjäger.

Kopspurg.

Johann Staudinger, Revierjäger.

Hochfürstl.

Hochfürstl. wirkl. geheime Herren Herren Räthe.

Titl. Hr. Hr. Christoph Franz Ignatz Benno Freyherr von Eckher, Domprobst v. p. 1.

Titl. Hr. Hr. Johann Adalbert Freyherr von Bodmann, Domdechant, v. p. 1.

Titl. Hr. Hr. Egidius Oswald, Freyherr Colona von Völs, v. p. 3.

Titl. Hr. Hr. Ernest des H. R. R. Graf von Herberstein, v. p. 2.

Titl. Hr. Hr. Antonius Ernestus des H. R. R. Graf von Breuner, v. p. 2.

Titl Hr. Hr. Max. Procop. des H. R. R. Graf von Törring, v. p 3.

Titl. Hr. Hr. Johann Joseph Anselm Freyherr von Westernach, v. p. 2.

Titl. Hr. Hr. Franz Eustachi Freyherr von Hornstein, v. p. 3.

Titl. Hr. Hr. Erdmann Indobler, SS. Theol. Doct. v. p. 6.

Titl. der hochwohlgebohrne Herr Herr Sigmund Maria Freyherr von Neischach, des hohen Domstifts Augsburg Kapitular, dann der exemten Probstey Ellwangen, und des Ritterstifts Comburg Kapitular, und Custos, wie auch Churtrierischer und Fürstl. Augsburaischer geheimer Rath.

Titl. Hr. Hr. Heinrich des heil. röm. Reichs Freyherr von Welden, v. p. 18.

Titl. Hr. Hr. Max. Joseph des heil. römischen Reichs Freyherr von Frauenberg, v. p. 21.

Titl.

Titl. der hochwohlgebohrne Herr Herr Franz Joseph des heil. röm. Reichs Freyherr von Strommer auf Jetzendorf, Weir, Panzing, Leoprechting, Geratstorf, und Häring, beeder Churfürstl. Durchlaucht zu Trier und Baiern Kammerer, und Churbaierischer geheimer Rath, Vicedom, dann Stadt- und Landpfleger zu Freysing.

Titl. der hochwohlgebohrne Herr Herr Ferdinand Baron Bugniet von Croisette, Seiner Churfl. Durchl. zu Trier Kammerer, Hochfl. Freysingischer Hof-und Kammerrath, Hofbauamts-Commissarius und Jagdrath.

Titl. der hochgebohrne Herr Herr Johann Nep. Jakob des heil. röm. Reichs Graf und Herr von Edling, Freyherr zu Saullenburg, Erbherr auf Haidenschaft, beeder Kais. Königl Apostolischen Majestäten wirklicher Kammerer, Regierungsrath zu Laibach in Krain, dann Studiencommissär in inner Oesterreich, wirkl. Herr und Landmann im Herzogthum Krain und den gefürsteten Graffschaften Görz und Gradischka. Sr. Hochfürstl. Bischöfl. Gnaden zu Freysing wirklich geheimer, auch Hof- und Kammerrath, dann Hauptmann und Lehenprobst der Herrschaft und Stadt Laack, des Churpfalzbaierisch-hochadelichen St. Michaelis Ordensritter, und der K. K. Gesellschaft des Ackerbaues, und der nützlichen Künste im Herzogthum Krain Mitglied.

Titl. der wohlgebohrne Herr Herr Johann Martin Degen, J. U. Lic. Hochfürstl. Freysingischer Hofkanzler und Oberlehenprobst.

Hochfürstl. Dikasterien.

Die Hochfürstliche geistliche Regierung.

Präsident.

Se. Excellenz Herr Egidi Oswald Freyherr Colona von Völs. v. p. 3.

Direktor.

Se. Excellenz der hochwürdig-wohlgebohrne Herr Erdmannus Indobler, SS. Theolog. Doct. v. p. 6.

Wirklich frequentirende Räthe.

Se. Excellenz Herr Maximilian Procop, des heil. röm. Reichs Graf von Törring-Jettenbach. v. p. 4.

Titl. Herr Johann Nep. Franz Xav. Maxim. Joseph Theodor Freyherr v. Ströhl. v. p. 5.

Titl. Herr Franz Joseph Joh. Nep. Leopoldus von Stengel, beeder Rechten Doctor. v. p. 6.

Titl. Herr Damian Hugo des heil. röm. Reichs Freyherr von und zu Lehrbach. v. p. 6.

Herr Joseph Krimer, SS. Theol. Lic. Kanzleydirector, Decanus Ruralis, und Stadtpfarr-Vicarius bey St. Georgen in Freysing.

Herr Karl Joseph von Torri, J. U. Lic. Visitator Diœcesanus Emerit. Canon. Capit. ad S. Audream.

Herr Johann Georg Kaiser, J. U. Lic. Fiscalis, Visit.Diœc. Can.Cap. ad S.Andream.
Herr Ladislaus Benno von Stoixner, SS. Th. Doct. Can. Cap. zu Isen, dann Rural-Dechant und Pfarrer zu Lengdorf.
Herr Joseph Clemens Braunmüller, SS.Theol. Lic. Rural-Dechant und Pfarrer zu Wolfrathshausen.
Herr Joseph Resch, SS. Theol. Lic. Rural-Dechant und Pfarrer zu Sittenbach.
Herr Martin Ferdinand Stauber, SS.Theol. Lic. Canon. Capit. ad S. Andream.
Herr Franz Xav. Schmied, J.U. Lic. Canon. Capit. ad S. Vitum.
Herr Johann Karl Neumayr, J. U. Doct. Can. Cap. ad S. Andream.
Herr Johann Georg Hackl, SS. Theol. Doct. Pfarrer zu Massenhausen.
Herr Andreas Sigl, SS.Theol. Lic. Kammerer und Pfarrer zu Inkofen.
Herr Karl Hetzer, J. U. Lic. Stiftsdechant zu St. Wolfgang.
Herr Johann Bapt. Hofmann, SS. Th. Lic.
Herr Thomas Sämann, J.U.Lic. Can. Cap. ad S. Andream.
Herr Anton Danzer, SS.Theol.Doct. Pfarrer zu Günzelhofen.
Herr Martin Augustin von Hofstätten, SS.Th. Doct. Protonot. Apost. Pfarrer zu Hohenbrunn.
Herr Sebastian Marterer, SS. Theol. Licent. Stiftsdechant ad S. Vitum.
Herr Ant.Ostler, SS.Th.Lic.Can.ad S.Vitum.

Wirkliche aber nicht frequentirende Räthe.

Titl. Herr Ant. Freyherr v. Ecker auf Käpfing, Kalling und Lichteneck, Pfarrer zu Tölz.

Herr Max. Ferdinand Georg von Deiling, auf Hueb und Engelharting, Stiftsdechant zu Altenötting, dann hochfürstl. Salzburgischer wirklicher geistlicher Rath.

Herr Cajetan Placidus von Kammerlocher, Can. Cap. ad S. Andream.

Herr Johann Max Neusinger, J. U. Doctor, Pfarrer beym heil. Geist in München, dann baierischer und cöllnischer wirklicher geistlicher Rath.

Herr Johann Bapt. Püeller, Ritter und edler Herr von Püel, fürstlich-Einsiedlerischer wirklich geistlicher Rath, dann Can. Capit. des löbl. Collegiatstifts St. Martin und Castulus in Landshut.

Herr Johann Caspar Kreßierer, SS. Th. Doct. Ruraldechant und Pfarrer zu Schwaben.

Herr Franz Xav. Mutschelle, SS. Th. & J. U. Doct. baierischer wirkl. geistlicher Rath, dann des löblichen Collegiatstifts zu U. L. Frau in München Can. Cap.

Herr Joseph Glöter, SS. Th. Lic. Dechant und Stadtpfarrer in Lauingen, Diœc. August.

Herr Joseph Anton Döll, des löbl. Collegiatstifts St. Zenonis in Isen Dechant.

Herr Martin Thausean, Pfarrer zu Ravenau, Diœc. August.

Herr Joseph Wagnecker, Churfürstl. Hofkaplan in München.
Herr Johann Bapt. Höggmayr, Pfarrer zu Grienthal, Diœc. Salisb.
Herr Thomas Joseph de Haiden, J. U. Doct. Can. ad S. Vitum ob Freysing, dann hochfürstl. Augsburgisch wirkl. geistlicher Rath, und Vicariatskanzley-Director.
Herr Johann Heinrich Golling, SS. Th. Doct.
Herr Johann Peter Thomas Fellings, J. U. Lic. Can. Cap. ad S. Andream.
Herr Joseph Lederer, Pfarrer zu Gräflfing.
Herr Franz Ignatz Gottlieb von Wetzstein, Benef. ad S. Joseph. zu Rosenheim.
Herr Steph. Prosp. Obel, Pfarrer zu Mittenwald
Herr Johann Caspar Bauer, SS. Theol. Lic. Dechant und Pfarrer zu Jarzt.
P. Herman. Schollinger, Ord. S. Bened. Prof. in Oberaltaich, SS. Theol. Doct. Weyland Sr. Churfürstl. Durchleucht in Baiern, dann hochfürstl. Salzburgischer wirkl. geistl. Rath, Protonot. Apostolicus, dann dermaliger Probst zu Weichenberg.
P. Balduin Wurzer, Ord. Cisterc. Prof. in Allerspach, SS. Theol. Doct. Weyl. Sr. Churfl. Durchl. in Baiern, wirkl. geistl. Rath, Protonot. Apost. der Zeit Beichtvater im Kloster Seligthal zu Landshut.
Herr Ferdinandus Reißner, SS. Theol. Doct.
Herr Fraz Xav. Gabelsperger, Stadtpfarrer zu Pfaffenhofen.

Titular geistliche Räthe.

Titl. Herr Joh. Franz Freyherr von Baumgarten, Pfarrer zu Arnbach.

Titl. Herr Franz Felix Freyherr von Muggenthal, des hochadelichen Ritterordens St. Michael Commenthur und Großkreuz, dann Stadtpfarrer bey St. Jobst in Landshut.

Titl. Herr Franz Xav. Leopold Adam Joseph Maria des heil. röm. Reichs Edler von Hörle, SS. Theol. & J. U. Doct. Pfarrer zu Velden.

Herr Joseph Jakob Peter, SS. Theol. Doct. Decanus und Pfarrer zu Pondorf.

Herr Wolfgang Pattinger, SS. Theol. & SS. Can. Cand. Decanus bey St. Johann Bapt. & SS. Rituum Magister.

Sekretarius und Notarius.

Herr Johann Bapt. Hofmann. v. p. 26.

Registrator.

Herr Franz Ostermayr, SS. Theol. Cand.

Kanzley-Acceßisten.

Herr Josephus Stockmayr, SS. Theol. Cand.
Herr Michael Schullermayr, SS. Theol. Lic.
Herr Laurentius Erdmannus Gebhard, SS. Theol. Cand. und adjungirter Kanzellist.

Kanzellisten.

Hrn. Johann Ernest Gebhard.
Franz Xaveri' Morasch.
Anton Lechner,
Theodor Fremd, Cursor.

Kanzleybothen.

Urban Schäffler, und Joseph Niedermayr.

Anbetreffend die geistl. Rathseßions werden solche die Woche zweymal, als Montag und Mitwoch gehalten.

Ferien.

Von heiligen Weihnachten an bis an Sonntag nach heiligen drey Königen.

Von Mitwoch vor dem Sonntag Quinquagesima bis Aschermitwoch.

Von Palmsonntag bis an Montag nach dem weißen Sonntag.

Durch die heilige Pfingst = auch durch die heilige Corporis Christi Octav.

Von Fest St. Laurentii bis an ersten Montag nach Bartholomäi.

Von Michaeli bis nach Lucas.

Hochfürstl.

Hochfürstl. Hofrath.

Präsident.

Se. Excellenz der hochwürdig-hochwohlgebohrne Herr Johann Adalbert Freyherr von Bodmann, des hohen Domstifts Freysing Domdechant und Erzpriester. v. p. 1.

Hofkanzler.

Titl. Herr Johann Martin Degen. v. p. 24.

Wirklich frequentirende Herrn Hofräthe.

Titl. Herr Ferdinand Baron Pugniet von Croisette. v. p. 24.

Titl. Herr Carolus Eligius Reichsfreyherr von Stromer, churbaierischer Kammerer.

Herr Johann Bapt. Braun, J. U. Licent. v. p. 13.

Herr Maximilian von Steinhauser, J. U. Lic. v. p. 18.

Wirkliche aber nicht frequentirende Herrn Räthe.

Titl. Herr Christian Corbinian Reichsfreyherr von Baumgarten, frey resignirter Herrschafts Administrator der Herrschaft Rottenfels.

Titl. Herr Johann Adam Baron von Donnersperg, Sr. Churfürstlichen Durchleucht zu Trier Kammerer, dann Administrator und Lehenprobst der Herrschaft Waidhofen an der Ybs in Oesterreich.

Titl. Herr Johann Nepom. Graf und Herr von Edling. v. p. 24.

Titl. Herr Joseph Adeodatus Reichsfreyherr von Baumgarten, auf Theutenhofen und Maspach, auch wirkl. Hofkammerrath.

Herr Martin Benno Traut, J. U. Lic. Pfleger zu Ottenburg.

Herr Franz Ignatz Haider, Truchseß, und Pfleger zu Pöchlarn in Oesterreich.

Herr Georg Friederich Bolles, Pfleger zu Ismaning.

Herr Max. Philipp des heil. röm. Reichs Edler von Sänftl, Leibmedicus

Herr Joseph Samuel Zollner, Sr. Hochfürstl. Gnaden ꝛc. Bischofen zu Regensburg Leib- auch Hof- und Hochstiftsmedicus, dann wirkl. Hofrath.

Herr Mathias Nonnosus Groß, Pfleg- und Kastenamts-Commissarius, auch Umgelder und Bergrichter zu Werdenfels.

Herr Franz Jakob von Dreger, Inspector der Hochfürstl. Freysingischen Herrschaften in Oesterreich.

Herr Ferdinand Franz Gasser, der löbl. Ritterschaft Canton Donau Consolent.

Herr Franz Joseph Walter, Titularhofrath.

Archi-

Archivarius.
Herr Franz Hochenaicher. J. U. Cand.

Hofrathssekretär.
Herr Dionys. Franz Koch, J.U. Cand. examinatus & approbatus, auch Lehensekretär.

Registrator.
Herr Wolfgang Ignatz Arkauer.

Kanzellisten.
Hrn. Johann Bapt. Stögmayr.
    Franz Obermüller.
    Johann Bapt. Paumer.

Hof= und Kammerrathdiener.
Johann Georg Müller.

Die Hofraths=Session wird wöchentlich am Freytag morgens um 9 Uhr gehalten, Hofrathsferien von 26 Sept. bis 26 Oct.

Hochfürstl. Hofgerichts=Advocaten.
Herr Joseph Beer, J. U. Lic. Klosterrichter zu Niederaltaich.
Herr Johann Sebastian Rehrl, J. U. Lic Pannrichter und Stadtschreiber.
Herr Thomas Jordan Heilmayer, J.U.Lic.
Herr Joseph Ignatz Stuber, J. U. Lic.

Hochfürstlich-Freysingischer Lehenhof.

Oberlehenprobst.
Titl. Herr Johann Martin Degen. v. p. 24.

Lehensekretär.
Herr Dionysius Franciscus Koch. v. p. 33.

Zu Lack in Kräu.
Lehenprobst.
Titl. Se. Excellenz Herr Johann Nep. Graf und Herr von Edling. v. p. 24.

Zu Waidhofen in Oesterreich.
Lehenprobst.
Titl. Herr Johann Adam Freyherr von Donnersperg. v. p. 32.

Zu Inching in Thyroll.
Lehenprobst.
Herr Johann Joseph Tschutsy von Schmidhofen, Pfleger allda.

Zu Rottenfels in Steyrmark.
Lehenprobst.
Herr Franz Xaveri Sträberger, Herrschafts-Administrator.

NB. Die hochfürstl. Vasallen vid. infra pag.

Hochfürstl.

Hochfürstl.
Hochlöbliche Hofkammer.

Präsident.
Se. Excellenz der hochwürdig - hochwohlgebohrne Herr Franz Eustachi Freyherr von Hornstein. v. p. 3.

Vicepräsident.
Se. Excellenz der hochwürdig - hochgebohrne Herr Maxim. Procop, des heil. röm. Reichs Graf von Törring. v. p. 3.

Direktor.
Titl. Herr Johann Martin Degen, J.U.Lic. v. p. 24.

Wirklich frequentirende Hrn. Räthe.
Herr Johann Bapt. Braun, J.U.Lic. v.p.13.
Herr Max. von Stainhauser, J.U.Lic.v.p.18.
Herr Joh. Ludwig Eckart, Forstamtsverwalter.
Herr August Friedrich Will, J.U.Lic. Rechnungsrevisor.
Herr Franz Xav. Hochenaicher, Hofzahlmeister.

Wirklich aber nicht frequentirende Räthe.
Titl. Herr Johann Adam Freyherr von Donnersperg. v. p. 32.

Titl.

Titl. Herr Johann Nep. Graf und Herr von Edling. vid. pag. 24.

Titl. Herr Joseph Adeodatus Reichsfreyherr von Baumgarten. v. pag. 32.

Herr Martin Benno Traut, J. U. Lic. vid. pag. 32.

Herr Franz Xav. Sträberger, vid. pag. 34.

Hochfürstl. Hofkammersekretarius.

Hrn. Gottlieb Wessenschneid, auch Steueramtscommissarius.

Franz Xaveri Sauer, Graf Traunerischer Verwalter zu Haus u. Furt, Titularsekretär.

Registrator.

Herr Max. Franz Elmer.

Kanzellisten.

Hrn. Anton Chur.

Johann Lorenz Sondermayr, zugleich Papierverwalter.

Franz Joseph Putz.

Anbelangend die Seßiones, so sind solche wochentlich Mitwoch und Samstag.

Hofkammerferien vom 12ten bis 18ten Octob.

Hochfürstl. Zahlamt.

Herr Franz Xaveri Hochenaicher, wirklicher Hofkammerrath.

Hochfürstl.

Hochfürstl. Hofkastenamt.

Hofkastner.
Titl. der hochwürdig-hochwohlgebohrne Herr Ludwig Adam Freyherr v. Ezdorf. v. p. 4.

Hofkastenamts-Verwalter.
Herr Johann Nepom. Gebhard, J. U. Lic. zugleich Lehenangersekretär, dann Verwalter der untern Probstey Ams vorn Gebirg, der Domkusterey Prädicatur, und Hofkastenmühl; auch Stadt-Pfleg-und Landgerichtsschreiber in Freysing.
Kastenstreicher, Joseph Saurlacher.

Hochfürstl. Hofbräuamt.

Hofbräuverwalter.
Herr Johann Hermann Mitterhofer.

Bräumeister.
Franz Xav. Urban.
Schäffler, Kaspar Egger.
Brechmüller, Johannes Paternoster.

Hofbauamt.

Hofbauamts-Commissarius.
Titl. der hochwohlgebohrne Herr Ferdinand Baron von Bugniet, vid. pag. 24.

Hof-

Hofbauamts-Verwalter.

Herr Johann Bapt. Mängstl.
Mauermeister, Hr. Simon Clement Floßmann.
Brunnenmeister, Herr Joseph Heilmayr.
Zimmermeister, Herr Leopold Harrer.
Ziegler, Herr Mathias Widmann.

Umgeltamt.

Herr Ignatz Bolles, Umgelter und Aufschläger.
Gegenschreiber, Herr Wolfg. Ignatz Arkauer.

****

Hochfürstl. Freysingische Gesandte und Agenten.

Auf dem allgemeinen Reichstag zu Regensburg.

Gesandter.

P. T. Der hochwohlgebohrne Herr Heinrich Joseph Freyherr von Schneid, Sr. Churfürstl. Durchleucht in Baiern wirklicher geheimer Rath.

Herr Franz de Paula Kleber, Legationskanzellist.

Zu München.

Herr Anton Xav. von Plindheim, J. U. Lic. Can. Cap. bey U. L. Frauen, und hochfürstl. Bischöflicher Commissarius.

Herr Johann Andreas Päßl, Churfürstlicher Hofrathssekretär, Agent.

Agent zu Rom.

Signor Guiseppe Tannursi Sassi.

Agenten zu Wien.

Herr Johann Michael Stubenrauch, J.U. Lic.
Herr Joseph Sonleutner, J. U. Lic.

Agent zu Wetzlar.

Herr Franz Carolus von Sachs, Agent bey dem dasigen Kaiserl. Reichskammergericht.

Agent zu Grätz.

Herr Antonius von Catarin, J. U. Lic.

Agent zu Inspruck.

Herr Johann Nep. de la Torre, J.U. Lic.

Agenten zu Laibach in Krain.

Herr Alexander Schniederschitz, J.U.Lic.
Herr Paulus Frankenthaler, J. U. Doct.

Hochfürstl.

Hochfürstl. Freysingische Pfleg= und andere Aemter.

Hochfürstl. Vicedomamt, dann Stadt= und Landpfleggericht zu Freysing.

Vicedom.
Se. Excellenz der hochwohlgebohrne Herr Franz Joseph, des heil. röm. Reichs Frey=herr von Strommer. v. p. 24.

Stadtpfleg= Gerichtsschreiber.
Herr Johann Nep. Gebhard, J. U. L. v. p. 37.

Stadtpfleggerichts= Procuratores.
Hrn. Anton Staudacher.
Johann Erhard Schifauer, Päpstl. und kaiserl. Notar. Publ.

Gerichtsboth.
Johann Singer.

Hochfürstl. Oberforstmeisteramt.
VACAT.
Forstamtsverweser.
Herr Johann Ludwig Eckart. v. p. 35.

Des Hochfürstlichen Hochstifts Freysing Beamte.

Burgrhain.

Pfleger und Kastner, Se. Excellenz der hochwohlgebohrne Herr Joseph Christoph Daniel Freyherr von Ecker, auf Käpfing und Lichteneck, churbaierischer Kammerer und geheimer Rath, und der löbl. Landschaft in Baiern Rentamts München Landstand, und Rechnungsaufnehmer.

Gerichtsschreiber, Kasten= Brau= und Ungeldamtsverwalter, Herr Thomas Pfest.

Eisenhofen.

Pfleger und Kastner, Herr Aloysi von Münsterer, hochfürstl. wirklicher Rath.

Grieß bey Botzen.

Herr Leopold Adam von Wemser, von Freyenthurn, Tyrolischer Landmann, Aetschgefähl-Verwalter allda, dann Fürstl. Augsburgischer Probst bey St. Afra zu Botzen.

Grafschaft, Stadt Großen=Enzerstorf.
in Niederösterreich.

Grafschaft=und Landgerichts-Verwalter, Herr Johann Jakob Maag.

Hohlnburg in Oesterreich.

Amtsverweser, Herr Franz Joseph Stieler von Roseneck, Oesterreichischer Landmann.

Juching

Inching in Tyrol.
Pfleger und Lehenprobst, Herr Johann Joseph Tschusy von Schmidhofen.

Ismaning.
Pfleger und Kastner, Herr Georg Friedrich Bolles. v. p. 32.

Kopfspurg.
Hofmarchs-Verwalter, Herr Johann Georg Gaßner.

Lack in Krain.
Hauptmann und Lehenprobst, Titl. der hochgebohrne Herr Joh. Nep. des heil. röm. Reichs Graf und Herr von Edling. v. p. 24.

Herrschafts-Gericht- und Gegenschreiber, Herr Ignatz Anton Prener.

Kastenverwalter, Herr Jakob Ignatz Zewall.

Mässenhausen.
Pflegsgenuß-Inhaberinn, die hochwohlgebohrne Frau Beata Freyfrau von Welden, gebohrne Freyin von Freyberg.

Gerichtschreiber und Kastner, Herr Jos. Urban Friedel, J. U. Cand.

Ottenburg.
Pfleger und Kastner, Hr. Martin Benno Traut J. U. Lic. v. p. 32.

Kastengegenschreiber obiger Herr Joseph Urban Friedel.

Rottenfels.
Herrschafts-Admin. und Lehenprobst in Steuermark, Herr Franz Xav. Sträberger. v. p. 34.

Ulmer-

Ulmerfelden in Oesterreich.

Administrator der Herrschaft Ulmerfelden, Titl. der hochwohlgebohrne Herr Ludwig des heil. röm. Reichs Freyherr von Welden, auf Hochalting und Laupheim, beeder Kaiſ.Kön. Apoſtol. Majeſtäten Kammerer.

Hofſchreiber, Herr Johann Neyder.
Hofamtmann, Herr Simon Kellner.

Waidhofen in Oesterreich.

Administrator und Lehenprobſt der Herrſchaft Waidhofen an der Ybs, Titl. Herr Johann Adam Baron von Donnersperg. v. p. 32.

Hofſchreiber, Herr Johann Leopold Aich.
Hofamtmann, Herr Anton Holzer.

Werdenfels.

Pfleger, Titl. der hochgebohrne Herr Gabriel Ferd. des heil.röm.Reichs Graf v.Valvaſano, churbaieriſcher Kammerer, und weyl. Sr. Durchl.Eminenz JohannTheodor Kardinal und Herzog aus Baiern ꝛc. geheimer Rath, und Oberſtjägermeiſter ꝛc. dann des hochadelichen Ritterordens St.Georgii Commentur.

Pfleg- und Kaſtenamts-Commiſſarius, auch Umgelder, und Bergrichter Herr Mathias Nonnos Groß. v. p. 32.

Brauverwalter und Gerichtſchreiber Hr.Georg Fritſcher.

Zeilhofen.

Hofmarchs-Verwalter, Herr Thomas Peſt. vid. pag. 41.

Stadtrath zu Freysing.

Herrn Bürgermeister.

Hrn. Martin Hochenleuthner.
  Franz Wehrle.
  Balthasar Sturm.
  Joseph Schmerold.

Stadtschreiber und Syndicus.

Herr Johann Sebastian Rehrl, J. U. Lic. vid. pag. 33.

Innere Räthe.

Hrn. Bartholomäus Sellmayr.
  Joseph Schnabl.
  Joseph Bauweber.
  Michael Pübringer.
  Jakob Glück.
  Anton Veit.
  Balthasar Mittermayr.
  Anton Weiß.

Außere Räthe.

Hrn. Joseph Laar.
  Andre Reitter.
  Anton Jelle.
  Heinrich Klein.
  Balthasar Oberpucher.
  Joseph Stockmayr.

Hrn.

Hrn. Anton Lauttenschlager.
    Franz Xaveri Kron.
    Adam Aicher.
    Daniel Paur.
    Konrad Mayr.
    Kaspar Kanitz.
    Joseph Gottermayr.
    Franz Pfaffl.
    Jakob Vötter.
    Ignatz Passauer.
    Joseph Danzer.
    Ulrich Pallmann.
    Sebastian Schafner.
    Nicolaus Mayr.
    Georg Müllbaur.
    Simon Herman.

Stadt- und Gerichts-Procuratores.

Hrn. Anton Staudacher.
    Jakob Binder.
    Johann Erhard Schifauer, Päpstl. und
        Kaiserl. Notar. Publ.

Von der Gemein.

Hrn. Johann Michael Asam.
    Franz Xav. Böheim.
    Eugenius Galler.
    Abraham Schaderer.

Rathdiener, Joseph Ostermayr.

Beschreibung

der in dieser bischöflichen Diöces sich befindenden Collegiatstiftern, Abteyen, Dechanteyen, Klöstern, auch übrigen geistlichen Vorstehern und Stiftungen.

Das Löbl. Collegiatstift St. Andreä auf dem Berg.

Probst.

Se. Excellenz Herr Ernest des heil. röm. Reichs Graf von Herberstein. v. p. 2.

Dechant.

Der hochwürdig-hochedelgebohrne Herr Joseph Philipp Karl Oßinger von Haybach.

Titl. Herren Kapitularen.

Der hochwürdig-hochedelgebohrne Herr Karl Joseph von Torri, J. U. Lic. wirkl. geistlicher Rath, Senior & Visitator Diœces. emeritus.

Der hochwürdig-hochedelgebohrne Herr Laurentius, des heil. röm. Reichs Edler von Sänftel.

Der hochwürdig-hochedelgebohrne Herr Placidus Cajetanus Laurentius von Cammerloher,

loher, wirklicher geiſtlicher Rath und Hofkapellmeiſter.

Der hochwürdig = wohledel und hochgelehrte Herr Johann Georg Kaiſer, J. U. Licent. wirklicher geiſtlicher Rath, Viſitator Diœceſ. & Fiſcalis.

Der hochwürdig = wohlgebohrne Herr Erdmannus Indobler, SS. Theol. Doct. v. p. 6.

Der hochwürdig = wohledel und hochgelehrte Herr Johann Peter Thomas Fellings, J. U. Lic. wirklich geiſtlicher Rath.

Der hochwürdig = wohledel und hochgelehrte Herr Martin Ferdinand Sauber, SS. Theol. Lic. wirklicher geiſtlicher Rath.

Der hochwürdig = wohledel und hochgelehrte Herr Johann Karl Neumayr, J. U. Doct. wirklich geiſtlicher Rath und Notar. Apoſt.

Der hochwürdig = hochedelgebohrne Herr Joſeph Ferdinand von Oelling auf Hueb und Engelharting.

Der hochwürdig = wohledel und hochgelehrte Herr Johann Nep. Molitor, SS. Can. Lic.

Der hochwürdig = wohledel und hochgelehrte Herr Thomas Sämann, J. U. Lic. wirklich geiſtlicher Rath.

Pfarrvicarius.

Herr Johann Paul Waller, Kammerer und Pfarrvicarius.

Chorvicarii.
Herr Johann Georg Präse, Chorvicarius.
Herr Ignatz Preßl, erster Passauischer Benef.
Herr Joseph Göttl, zweyter Passauischer Benef.
Herr Joseph Nicolaus Tolentin Weinkorn, Zellnerischer Beneficiat.
Herr Johann Nep. Riedmayr, Baurnschmidischer Beneficiat.
Herr Josephus Stockmayr, Pfalzgräflicher und Maroltischer Beneficiat.

Kapitelrichter.
Herr Maximilian Joseph Andrä.
Herr Johann Phil. Mayer, Emeritus.

Das Löbl. Collegiatstift St. Veit ob Freysing.

Probst.
Se. Excellenz Herr Antonius Ernestus Franciscus, des heil. röm. Reichs Graf von Breuner. vid. pag. 2.

Dechant.
Der hochwürdig-wohledel und hochgelehrte Herr Sebastian Marterer, SS. Theol. Lic. hochfürstl. Freysingischer wirklicher geistlicher Rath.

Titl. Herren Kapitularen.
Der hochwürdig-wohledel und hochgelehrte Herr Joseph Ignatz Pallauf, J. U. Licent. Senior.

Der

Der hochwürdig= hochedelgebohrne Herr Joseph Ignaz Stanislaus von Carius.
Der hochwürdig= wohledel und hochgelehrte Herr Franz Xav. Schmid, J. U. Licent. wirklich geistlicher Rath.
Der hochwürdig= hochedelgebohrne Hr. Christian Rupert Maria von Zeggein.
Der hochwürdig= wohledel und hochgelehrte Herr Sebastian Mutschelle, SS.Th Lic.
Der hochwürdig= wohledel und hochgelehrte Hr. Jos. Thomas de Haiden, J.U.D. v.p. 28.
Der hochwürdig= hochedelgebohrne Herr Johann Nep. von Cischini, des H.R.R. Ritter.
Der hochwürdig= wohledel und hochgelehrte Herr Anton Ostler, SS. Theol. Lic. v.p.26

Chorvicarii.

Hrn. Melchior Penzkofer, Pfarrvicarius.
Anton Ostler, J. U. Lic. Pfarrvicarius in Sinzhausen.
Christoph Cronschnabel, Vicarius in Kin- und Burghausen.

Das Löbl. Collegiatstift St. Johann Bapt. auf dem Berg zu Freysing.

Probst.

Se. Excellenz Herr Egidi Oswald Freyherr Colona von Völs auf Schrenkenberg und Castro Preßel. v. p. 3.

Dechant.

Dechant.
Der hochwürdig- und hochgelehrte Hr. Wolfgang Pattinger, SS. Theol. & SS. Can. Cand. dann geistl. Rath, und SS. Rituum Magister.

Titl. Herren Kapitularen.
Der hochwürdig- und hochgelehrte Herr Joh. Heinrich Dack, SS. Theol. & SS. Can. Cand.

Der hochwürdig- und hochgelehrte Herr Wilhelm Joseph Pauli, SS. Theol. & SS. Can. Cand. und Ceremoniarum Magister.

Der hochwürdig- und hochgelehrte Herr Sebastian Degen, SS. Theol. & SS. Can. Cand.

Der hochwürdig- wohledelgebohrne Herr Jakobus Franciscus Lepitre, SS. Th. Doct. Pfarrer zu St. German, Can. Honoris.

Herr Johann Philipp Plattner von Serau, Benefic. curatus.

Herr Anton Schäffler, Beneficiat.

Kapitelrichter.
Herr Franz Eustachius Werner, v. p. 8.

Das Löbl. Collegiatstift St. Zenonis zu Isen auf dem Land.

Probst.
Se. Excellenz Herr Johann Joseph Anselm Freyherr von Westernach. v. p. 2.

Dechant.
Der hochwürdig- wohledel und hochgelehrte Herr Joseph Anton Döll, hochfürstl. Freysingischer wirklicher geistlicher Rath.

Titl.

Titl. Herrn Kapitularn.

Der hochwürdig-wohledel und hochgelehrte Hr Franz May. Kölbl, J.U.Lic. & Scholast.

Der hochwürdig-wohledel und hochgelehrte Hr Johann Christian Pfest, J.U. Lic. Senior.

Der hochwürdig - hochedelgebohrne Herr Ladislaus Benno v. Stoixner, SS. Th. Doct. wirkl. geistl. Rath, resignirter Stiftsdechant, dann Ruraldechant und Pfarrer zu Lengdorf.

Der hochwürdig - wohledel und hochgelehrte Herr Johann Ferdinand Pfättisch, Pfarrer in Walpertskirchen.

Der hochwürdig - wohledel und hochgelehrte Herr Joseph Hueber.

Der hochwürdig - wohledel und hochgelehrte Herr Franz Xaveri Peßlmiller, SS. Th. Lic. Custos.

Der hochwürdig - wohledel und hochgelehrte Herr Karl Staudigl, SS. Theol. Doctor. Pfarrvicarius daselbst.

Der hochwürdig - wohledel und hochgelehrte Herr Joseph Guetmann.

Der hochwürdig - wohledel und hochgelehrte Herr Johann Nep. Hueber, SS. Theol. & SS. Can. Cand. Can. Domicell. dann Pfarrvicarius zu Weyhern nächst Isen.

Kapitelrichter.

Herr Joseph Heinrici.

Prälaten, Pröbste und Vorsteher der Abteyen nach alphabetischer Ordnung.

Attl, der hochwürdig = wohlgebohrne Herr Dominicus, O. S. B. Abbt, electus 11. Jänner 1757. benedicirt 13. Febr. eod. an.
Prior, der hochwürdig = hochgelehrte Herr Benedictus Sedelmayer.

Beyrberg, der hochwürdig = wohlgebohrne Herr Franciscus, Can. Reg. S. August. Probst und Lateran. Abbt, aufgestellt den 29. Julii 1772.
Dechant, der hochwürdig = und hochgelehrte Herr Bonifacius Schormayr.

Beyharting, der hochwürdig-wohlgebohrne Hr. Corbinian, Can. Reg. S. August. Probst und Lat. Abbt, aufgestellt den 28 Märtz 1775.
Dechant, der hochwürdig = und hochgelehrte Herr Ildephonsus Ott.

Dirtramszell, der hochwürdig= wohlgebohrne Herr Innocentius, Can. Reg. S. August. Probst und Lateran. Abbt, electus 10 Junii 1777.
Dechant, der hochwürdig = und hochgelehrte Herr Petrus Solus.

Ettal, der hochwürdig = wohlgebohrne Herr Othmarus, O. S. B. Abbt, elect. 28 April 1779. bened. 13 May eod. an.
Prior, der hochwürdig= und hochgelehrte Herr Nonnosus Mayr.

Fürstenfeld, der hochwürdig = wohlgebohrne Herr Tezelinus, Ord. Cisterc. Abbt, elect. 14 Junii 1779.   Prior

Prior, der hochwürdig- und hochgelehrte Herr
Augustin

Indersdorf, der hochwürdig - wohlgebohrne
Herr Gregorius, Can. Reg. S. August.
Probst und Later. Abbt, elect. den 30 April
1778.

Resignirter Probst, und Later. Abbt der hochwürdig-wohlgebohrne Herr Aquilinus, Can.
Reg. S. August. elect. 7 März, bened.
15 May 1768.

Dechant, der hochwürdig - und hochgelehrte
Herr Dominicus Laufhueber.

Neustift, der hochwürdig-wohlgebohrne Herr
Joseph, Ord. Præm. Abbt, elect. 29 May
1775. bened. 5 Junii eodem Anno.

Prior, der hochwürdig- und hochgelehrte Herr
Augustinus Dimpfel.

Rott, der hochwürdig - wohlgebohrne Herr
Gregorius, O.S.B. Abbt, elect. 17 Julii 1776
bened. 15 August eodem anno.

Prior, der hochwürdig- und hochgelehrte Herr
Florianus Holzer.

Rottenbuch, der hochwürdig - wohlgebohrne
Herr Ambrosius, Can. Reg. S. August.
Probst und Lateran. Abbt, elect. 18 Jänner
1775. bened. 29 ejusd. mensis & anni.

Dechant, der hochwürdig- und hochgelehrte
Herr Bernhard Hueber.

Schäftlarn, der hochwürdig - wohlgebohrne
Hr. Godefridus, Ord. Præm. Abbt, elect.
11. Nov. 1776. & bened. 8. Dec. eod. an.

Prior,

Prior, der hochwürdig- und hochgelehrte Herr
Sardo Ayresser.

Scheyern, der hochwürdig-wohlgebohrne Hr.
Michael, O.S.B. Abbt, electus 25 Oct. 1775.
confirmirt den 8 Nov. eodem anno.

Prior, der hochwürdig- und hochgelehrte Herr
Otto Enhueber.

Schlechdorf, der hochwürdig-wohlgebohrne
Herr Innocentius, Can. Reg. S. August.
Probst und Lateran. Abbt, electus 25ten
Febr. 1755.

Dechant, der hochwürdig- und hochgelehrte
Herr Albertus Reuthner.

Tegernsee, der hochwürdig-wohlgebohrne Hr.
Benedictus, O.S.B. Prälat des exempt-ur-
alten Stifts und Klosters Tegernsee, dann
utriusq. Bav. Abbat. Primas, elect. 13 Julii 1762. bened. 8 August ejusd. anni.

Prior, der hochwürdig- und hochgelehrte Herr
Leonhard Puechner.

Weyarn, der hochwürdig-wohlgebohrne Herr
Rupertus, Can. Reg. S. August. Probst und
Lat. Abbt, Infulatus natus, confirmirt den
18 Junii 1765.

Dechant der hochwürdig- und hochgelehrte
Herr Gaudentius Oeser.

Weyhenstephan, der hochwürdig-wohlgebohrne Herr Gerhardus, O.S.B. Abbt, wurde
postuliret den 18, introduciret den 21 März,
confirmirt den 5 Sept. und benedicirt den 15
Oct.

Oct. 1769. einer löbl. Landschaft in Baiern
Rentamts München Rechnungs-Aufnehmer.
Prior, der hochwürdig- und hochgelehrte Herr
Ildefonsus Kraus.

Abbtißinnen, und geistliche Vorstes herinnen.

Am Anger, Abbtißin Frau Maria a SS. Trinitate, des Ordens der Clarißinnen.

Im Herzogspital, Abbtißinn Frau Maria Bonaventura de Gemitibus Christi, des Ordens der Servitinnen.

Englische Fräulein, Oberstvorsteherinn Frau Maria Johanna von Manstorf.

Salesianerinnen auf dem Kreuz, Superiorinn Frau Josepha Aloysia.

Carmeliterinnen, Priorin Frau Maria Alexia a S. Sacramento de vulneribus Christi.

Elisabetherinnen, Oberinn Frau Mar. Amalia a quinque vulneribus Christi, O. S. Elis. Tert. Reg. S. Franc.

Kloster Bitterich, Oberinn Frau Maria Seraphina Dyrin, Ord. S. Franc.

Kloster der Riedler, Oberinn Frau Maria Theresia Burgerin, Tert. Ord. S. Franc.

Kloster Lilienberg, Priorinn Frau Maria Maximiliana Ord S. Bened.

Kloster der Paulanerinnen in der Au nächst München, Oberinn Frau Theresia Glasin, Ord. S. Franc. de Paula.

Nymphenburg nächst München, Oberinn
Frau

Frau Eleonora Hermannin, der Congregation de Notredame.

Landshut, Kloster der Ursulinerinnen, Oberinn Frau Maria Theresia Josepha de S. Anna, Ord. S. Ursul.

Beym heil. Kreuz, Superiorinn Frau Corona Selmayrin, O. S. Franc.

Bey St. Loreto Oberinn Frau Maria Walburga, Ord. S. Franc.

Frauenklöster auf dem Land.

Altomünster, Abbtißinn Frau Maria Victoria Hueberin, O. S. Salvatoris.

Kloster Reitberg, Oberinn Frau Hortulana Peyrlacherinn, Tert. Ord. S. Franc.

Zeitliche geistliche Vorsteher der Regularorden.

Theatiner in München, der hochwürdig-hochwohlgebohrne Herr Kajetan Maria de Reisach, dermaliger Probst, O. S. Cajetani.

Augustiner in München, Prior R. P. Felix Sutor.

Carmeliter in München, Prior R. P. Balthasar ab infantia Christi Discal.

Hieronymitaner auf dem Lehel in München Prior P. F. Matthias a S. Ant. O. S. Hier.

Paulaner ob der Au in München, P. Cosmas Seidenstall, O. S. Franc. de Paula Corrector.

Altomünster, Prior R. P. Simon Pöck, Ord. S. Birgittæ.

Domini-

Dominikaner in Landshut, Prior P. Joann. Baptista Weindl.
Urfarn, Prior R. P. Venantius Jesu Carmel. Discal.

PP. Franciscanern Bairischer Provinz Definition.

A. R. P. Minister Provincial. P. Synesius Geiger.
A. R. P. Jacob. de Marchia Schöpfer, Custos.
A. R. P. Taurinus Rauchman, Definitor subrogatus.
R. P. Gilbertus Kauttner, Definitor.
R. P. Homobonus Rieder, Definitor.
R. P. Sigismundus Zächerl, Definitor.
Socius Provincial. P. Joan. de Prado Filser.

Convent München, Guardianus R. P. Hilarion. Niembsgnos.
  Vicarius, P. Dorotheus Markl.
Convent Landshut, Guardianus R. P. Gumpertus Schilk.
  Vicarius, P. Servus Dei Preyss.
Convent Freysing, Guardianus R. P. Perpetuus Zangmaister.
  Vicarius P. Augustinus Sippenpöch.
Convent Tölz, Guardianus R. P. Guarinus Weinzierl.
  Vicarius P. Engelbertus Carl.
Convent Schleißheim, Guardianus R. P. Cherubinus Legat.
  Vicarius P. Deocharus Schiderer.

Hospi-

Hospitium **Zeilhofen**, Director P. Candidius Bermeister.

Hospitium **Josephsburg**, Director R. P. Gilbertus Kauttner.

PP. Kapuciner baierischen Provinz Definition.

A. R. P. Provincialis R. P. Bernardinus Lohusian.

R. P. Augustinus Deggendorf. Definitor.
R. P. Anselmus Eichendorfens. Definitor.
R. P. Eutymius Neoforensis, Definitor.
R. P. Romualdus Naltenbergens. Definitor.
Socius P. Provincialis, R. P. Edelbertus Pfaffenhovensis.

München, Guardianus R. P. Anselmus Euhendorfensis.
   Vicarius V. P. Wenceslaus Landav.

Landshut, Guardianus R. P. Euthymius Neoforens.
   Vicarius V. P. Rogerius Ergoltspacensis.

Erding, Guardianus R. P. Gregorius Nitherlindhard.
   Vicarius V. P. Udalricus Furtensis.

Rosenheim, Guardianus R. P. Augustinus Deggendorfensis.
   Vicarius V. P. Samuel Nidergelting.

Nymphenburg, Superior V. P. Rogatianus Erdinganus.

Mospurg, Superior V. P. Paschalis Erdingan.

Neufraunhoven, Superior V. P. Palmatius Altorffensis.

Hoch-

Hochfürstl. Lyceum.

Regens und Lehrer der Gottesgelehrtheit, R.P. Maurus Weiſs, O.S.B. aus dem uralt-und befreyten Reichsſtift Elchingen.

Präfect der Schulen, und Lehrer der geiſtlichen Rechten, R.P. Conradus Muckenſturm, O.S.B. aus dem uralt befreyten Kloſter Scheyrn.

Profeſſor der Phyſic, R.P. Benedictus Maria Werckmeiſter, O.S.B. aus dem uralten befreyten Reichsſtift Neresheim.

Profeſſor der Logic, R.P. Wolfgangus Graf O.S.B. aus dem uralten befreyten Kloſter Weihenſtephan.

Præſes der Marianiſchen Verſammlung, und Lehrer der Wohlredenheit, R.P. Bernardus Peslmüller, O.S.B. aus dem uralt befreyten Kloſter Weihenſtephan.

Profeſſor der Dichtkunſt, R.P. Wolfgangus Aigner, O.S.B aus dem uralt-befreyten Kloſter Mallersdorf.

Profeſſor des Syntax, R.P. Rupert. Schmidhueber, O.S.B. aus dem uralten befreyten Kloſter Weſſobrun.

Profeſſor der Grammatik, R.P. Joſ. Pronath, O.S.B. aus dem uralten Kloſter Tegernſee.

Profeſſor der Rudiment, R.P. Franc. Saleſius Steinhauſer, aus dem uralten Kloſter Ettal.

Magiſter der Anfangsgründe, der hochwürdig- und wohlgelehrte Herr Joſ. Kreuter, SS.Th. & SS.Can.Cand. Beneficiat bey U.L.Frauen in München.

Hochfürstl. Alumnat in Freysing.

Direktor.
Der hochwürdig- und hochgelehrte Herr Ludwig Joseph Wölckel, SS. Theol. Doct.

Alumni.
Hrn. Wilhelm Vogl.
    Michael Siegltrum.
    Benno Michl.
    Leopold Staudacher.
    Jakob Eberl.
    Aloys Bernard.

****

Beschreibung
der Dechanteyen, Kammereyen, und dem Alphabeth nach folgenden Pfarreyen und Beneficien.

Ruralkapitul Ambs.
Dechant, Herr Joseph Hindermayr, Pfarrer zu Ambs.

Kammerer, der hochwürdig-wohledel und hochgelehrte Herr Johann Andreas Sigl, SS. Th. Lic. Pfarrer zu Inkofen. v. p. 26.

Attenkirchen, Hr. Franz Xav. Zeller, Pfarrer.
  Herr Georgius Holzinger, Coop.

Haag, oder Lichtenhaag, Herr Martin Lidl, Benef.

Inkofen, siehe Kammerer, Pfarrer.

Hrn. Bartholomäus Reichhueber, Coop.
  Philipp Bischof, Provis.
Kirchdorf bey Freysing, P. Gilbertus Sin
  ger, O.Præm.Prof. in Neustift, Pfarrvicar.
Nandelstadt, Herr Josephus Karner, Pfarrer.
Reichertshausen bey Attenkirchen, Herr
  Eugenius Thebald Thoma, Pfarrer.
Schweidenkirchen, Herr Sebastian Dann-
  bruner, Pfarrer.
  Herr Johann Nep. Hollermayr, Provis.
Wankenbach, Herr Ignat Hallmayr, Pfarrer.
Wolferstorf, Herr Joseph Franz Hochenleut-
  ner, Pfarrer.
Zolling, Herr Paul Lengger, Pfarrvic.
  Hrn. Domicus Wallerzhauser, Coop.
     Joseph Schwibacher, Provis.
        Ruralkapitul Aybling.
Dechant, vacat.
Kammerer, der hochwürdig- und hochgelehrte
  Herr Andreas Thaller, SS. Theol. Lic.
  Pfarrer zu Elbach.
Angat, Herr Jos.Aloys.Silberberger, Pfarrer.
  Herr Josephus Einwang, Provis.
Au bey Aybling, Herr Nicolaus Gregorius
  von Gietl, Pfarrer.
  Hrn. Melchior Weinberger, Benef.
     Leonhard Arnold, Provis.
     Georg Schweiger, Provis.
Aurdorf, Herr Joseph Knoll, Curat.
  Hrn. Joseph Lederer,   (
     Martinus Rößle,   ) Curati.
     Johann Evang. Schaderer,)

Aybling, der hochwürdig = und hochgelehrte Herr Joseph Ifinger, SS.Th. Lic. Pfarrer.
Hrn. Franz Jof. Raith, Nundlifcher Benef.
Jakob Weinmayr, Helmifcher Benef.
Joh. Caspar Roßkopf, Dollifch. Benef.
Marcellius Hohenleuthner, Coop.
Jakobus Hueber, Provif.

Aying, Herr Joh. Michael Freyfinger, Pfarrer.
Herr Andreas Rund, Provif.

Elbach, fiehe Kammerer, Pfarrer.
Herr Philipp Murr, Provif.
Herr Peter Paul Loidl, Provif.

Fagn. Herr Anton Forchhammer, Benef.

Flindspach, der hochwürdig= und hochgelehrte Herr Martin Stöger, SS.Th. Lic. Pfarrer.
Herr Sebaftian Kuchler, Provif.

Frauenried, Herr Anton Hueber, Benef.

Getting, vacat. Pfarrer.
Hr. Franz de Paula Grienwalter, Coop.

Helfendorf, Herr Johann Michael Gamppetl, Benef.
Herr Franz Xav. Kipfinger, Provif.

Hochftätt, der hochwürdig= und hochgelehrte Herr Franz Anton Cajetan Stadler, SS.Th. Doct. Pfarrer.
Herr Mathias Seyfried, Pfarrers-Provif.

Högling, P. Anianus Stenger, Canon. Reg. Prof. in Wayarn, Pfarrvic.

Holzhaufen bey Flindspach Hr. Gabriel Huttenloher, Pfarrvic.

Irschenberg, Hr. Alexander Streitter, Pfarrer
Hrn.

Hrn. Johann Michael Lipp, Coop.
  Simon Rashofer, Provis.
Kiffersfelden, Herr Valentinus Ulrich, Commendist.
Kirchdorf bey Aybling, Herr Laurenz Weizenböck, Pfarrer.
Herr Johann Nep. Mack, Benef.
Kirchdorf am Waasen, Herr Laurent. Heylmayr, Benef.
Herr Joseph Rasel, Provis.
Langenkampfen, der hochwürdig- und hochgelehrte Herr Franz Xaveri Ehrenstrasser, SS. Theol. Lic. Pfarrer.
Herr Josephus Freysinger, Provis.
Laus, Herr Nicolaus Angerer, Curat. expos.
Margaretten-Zell, Herr Erhardus Landmann, Curat.
Mariastein, Herr Johann Georg Daxenbichler, SS. Theol. Lic. Kapellan.
Hrn. Joseph Bachleitner, Provis.
  Vitus Winter, Curat.
Maxlrein, Herr Joh. Bapt. Lechner, Benef.
Niclausraith, Herr Paul Noderer, Benef.
Ostermünchen, Herr Paulus Rumelsperger, Pfarrer.
Pang, Herr Franz Xav. Festner, Pfarrer.
Herr Johannes Mittendorfer, Provis.
Perbling, Herr Franz Xav. Jsinger, Pfarrer.
Petersberg, Herr Andreas Reichel, Curat.
Pfaffenhofen bey Rosenheim, Herr Mathias Mayr, Pfarrer.
Herr Franz Xav. Fortner, Provis.

Praittenbach, Herr Franz Rauchenberger, Pfarrer.
 Herr Antonius Gläß, Provis.
Prandenberg, Herr Franz Xaveri Unterrainer, Curat.
 Herr Peter Silberger, Provis.
Rosenheim, der hochwürdig- und hochgelehrte Herr Franz Xav. Häring, SS. Th. D. Pfarrer.
 Hrn. Ignatz Singer, Benef. und Coop.
 Joseph Rieder, SS. Th. L. Benef. u. Coop.
 Mathias Sternegger, Hoppenbichlerischer Benef.
 Benedictus Laufhueber, Helenascherischer Benef.
 Johann Nep. Sepp, Lauretan. Benef.
 Der hochwürdig-hochedelgebohrne Herr Franz Gottlieb von Wetzstein, Spital Benef. ad S. Joseph. und Freysingischer wirkl. geistlicher Rath.
 Der hochwürdig-hochedelgebohrne Herr Caspar v. Zeggein, Wolffscherisch. ben.
 Georg Aichmayr, Sixtischer Benef.
 Herr Anton Paur, Provis.
 Joseph Flötzinger, Tert. O. S. Franc. Eremit. Schmeterischer Benef.
Stainberg, Herr Andreas Hafner, Curat.
Tattenhausen, Hr. Joh. Melch. Führer, Curat.
Thiersee, Herr Joseph Grueber, Curat.
 Herr Antonius Thalmayr, Provis.
Tuntenhausen, P. Jos. Blasius Wanner, Can. Reg. Prof. in Beyharding, Pfarrvicar.

Veldkirchen, P. Frigdian Mayr, Can. Reg. S. August. Profeſſ. in Weyarn, Pfarrvic.
Visbachau, P. Cœleſtinus Seiz, O. S. Ben. Profeſſ. in Scheyrn, Pfarrvic.
Voldepp, Herr Stanislaus Zwerger, Curat.
Herr Peter Lederer, Proviſ.

Ruralkapitul Dachau.

Dechant, der hochwürdig- wohledel und hochgelehrte Herr Joh. Caspar Bauer, SS.Th.Lic. Freyſingiſcher wirkl. geiſtlicher Rath, Pfarrer zu Jarzt.
Kammerer, vacat.
Creuzholzhauſen, Herr Johann Georg Hofner, Pfarrer.
Hr. Franz de Paula Siſſlinger, Kapellan.
Dachau, der hochwürdig-wohledel und hochgelehrte Herr Felix Sigler, SS. Th. Doct. churbaieriſcher wirkl. geiſtl. Rath, Pfarrer.
Hrn. Franz Xav. Heinrich, Frühmeſſer.
Joh. Joſeph Walter, Märziſcher Benef.
Andreas Gebhard, Coop.
Sebaſtian Eckmann, Proviſ.
Gtebing, Herr Joſeph Maximilian Eberle, J. U. Doct. Benef.
Haimhauſen, Herr Johann Bapt. Niedermayr, Pfarrer.
Hr. Aegidius Mädl, Coop.
Hebertshauſen, Herr Dionyſius Pierbichler, Pfarrer.
Hochenkammer, der hochwürdig- und hochgelehrte Herr Georg Anton Zwack, J. U. Lic. Pfarrer.

Herr Simon Huetter, Benef.
Herr Johann Nep. Braun, Coop.
Hochenpercha, Herr Joseph Hueter, Pfarrvic.
Jarzt, siehe Dechant, Pfarrer.
Herr Franz Petzinger, Coop.
Inhausen, Herr Franz Geschwendinger, Ben.
Inzenmoß, Herr Thomas Holzer, Pfarrer.
Kollbach, Herr Adamus Mitermayr, Pfarrer.
Mietendorf, der hochwürdig- und hochgelehrte Herr Jos. Hittinger, J.U.Lic. Pfarrer.
Moching, der hochwürdig-hochgelehrte Herr Aloysius Bonin, SS.Theol. Doct. Pfarrer.
Herr Johann Nep. Bart, Provis.
Pasembach, der hochwürdig- wohledel und hochgelehrte Herr Ferdinand Reisner, SS. Theol. Doct. Benef. v. p. 28.
Pellham, Herr Joseph Anton Kueffer, Pfarrer
Dorfkirchen, der hochwürdig-hochedelgebohrne Herr Franz Karl von Hetzendorfer, J.U. Doct. Pfarrer.
Hrn. Bernhardus Wöstermayr, Coop.
Joseph Hueber, Provis.
Rehrmosen, Herr Franz Anton Lachermayr, Pfarrer.
Herr Georg Lenk, Provis.
Rumelzhausen, Herr Johann Nep. Lindner, Pfarrer.
Vierkirchen, der hochwürd. hochgeb. Herr Joh. Bapt. Aloysi, des H.R.R. Graf und Herr von Edling, des hohen Domstifts Lübeck Kapitularherr, Pfarrer.
Herr Jakobus Grueber, Coop.
Weilbach, Hr. Franz Bened. Baader, Benef.

Ruralkapitul Dorfen.

Dechant, der hochwürdig-hochedelgebohrne Hr. Ladislaus Benno Ignatz von Stoixner, SS. Theol. Doct. Pfarrer zu Lengdorf. v.p.26.
Kammerer, der hochwürdig-wohledel und hochgelehrte Herr Jos. Gallus Sedlmyr, J.U.Lic. Can. ad S. Wolfgang. Pfarrvic. zu Mosen.

Beyrbach, Herr Jos. Georg Forster, Pfarrer.
  Hrn. Thomas Berghammer, Coop.
    Joseph Schick, Supernum.

Dorfen, Titl. der hochwürdig-hochwohlgebohrne Herr Damian Hugo des H. R. Reichs Freyherr v. Lehrbach, Regens im Sem. v.p.6.
Hr. Franz Sebastian Vilgertshofer, Prediger.
Hrn. Ignatz Wagner, Frühmesser.
    Joseph Wagner, Coop.
    Antonius Grainer, Coop.
    Franz Xav. Rieg, Coop.
    Johann Bapt. Busino, Benef.

Eberspeind, Herr Maximil. Joseph Mayer, Benef. auch zugleich Pfar. zu Ruprechtsberg.

Grüntegernbach, der hochwürdig-wohledel und hochgelehrte Herr Franz Krimer, SS.Th. Lic. Can. ad S. Wolfg. Pfarrvic.
  Hrn. Joseph Perger, Benef.
    Paulus Oswald, Coop.

Hofkirchen, Herr Michael Wöhrl, Pfarrvic. & Oeconomus.

Kopfspurg, Herr Joseph Weidinger, Benef.

Lengdorf, siehe Dechant, Pfarrer.
  Hrn. Conrad Keller, Coop.
    Laurentius Schick, Provis.

Mosen, siehe Kammerer, Pfarrvicar.
  Herr Erhard Angermüller, Provis.
Pfronbach, Herr Barthol. Mayr, Pfarrer.
Puech am Erlbach, der hochwürdig - und
  hochgelehrte Herr Michael Rupert. Schmid,
  SS.Theol. Lic. Pfarrer.
Ruprechtsberg, Herr Maxim.Joseph Mayer
  Pfarrer.
  Herr Joseph Wiest, Coop.
St. Wolfgang, der hochwürdig - wohledel
  und hochgelehrte Herr Karl Hetzer, J.U.Lic.
  Stiftsdechant und Pfarrer v. p. 26.
  Hr. Mathias Schraner, Provis.
Schwindkirchen, der hochwürdig- und hoch-
  gelehrte Herr Johann Georg Wolfmüller,
  SS.Theol.Lic. Pfarrer.
  Hrn. Barthol. Risling, Coop.
    Johann Nep. Hueber, Provis.
Stainkirchen, Hr.Egidius Deutinger, Pfar.
  Hrn. Joseph Weldmayr, Coop.
    Joseph Zeiller, Coop.
    Mathias Lösel, Provis.
Taufkirchen, Herr Karl Klieber, Pfarrer.
  Hrn. Wendelin Panholzer, Coop.
    Antonius Mändl, Provis.
Velden, der hochwürdig- hochedelgebohre Hr.
  Franz Xav. Leopold Adam Joseph Maria,
  des H.R.R. Edler von Hörle, SS.Theol.&
  J.U. Doct. Pfarrer. v. p. 29.
  Hrn Joseph Behamer, Coop.
    Bernardus Baader, Coop.
    Matthäus Götschl, Coop.
    Joh.Evang.Brüderl, Provis.   Wam-

Wambach, der hochwürdig- hochwohlgebohrne Herr Damian Hugo, des H. R. Reichs Freyherr von Lehrbach, Pfarrer. v.p.6.
Hrn. Chuno Enz, Coop.
    Johann Anton Rieder, Coop.
Zellhofen, Herr Franz Anton Köglsperger, Benef.

Ruralkapitul Einspach.

Dechant, Herr Amadeus Oefele, Pfarrer zu Einspach.
Kammerer, Herr Georg Anton Hibler, Pfarrer zu Egenhofen.
Arnbach, der hochwürdig - hochwohlgebohrne Herr Johann Franz, Freyherr von Baumgarten, Freysingischer geistl. Rath, Pfarrer.
Herr Franz Xaveri Neß, Provis.
Aufkirchen an der Maysach, Hr. Thomas Fellermayer, resignirter Dechant, Pfarrer.
Herr Johann Adam Huetter, Provis.
Adelshofen, Herr Michael Lachner, Curat.
Ebertshausen, Herr Franz Xav. Fischbacher, Pfarrer.
Egenhofen siehe Kammerer, Pfarrer.
Egenburg, Herr Joseph Ignatz Schöpf, Pfar.
Einspach, siehe Dechant, Pfarrer.
Herr Ignatz Trost, Coop.
Emmering bey Fürstenfeld, Herr Mathias Nößl, Pfarrer.
Esting, vacat. Benef.
Günzelhofen, der hochwürdig - wohledel und
hoch-

hochgelehrte Herr Anton Danzer, Ss. Theol.
Doct. Pfarrer. v. p. 26.
 Hrn. Clemens Lindemayr, Provis.
  Franz Xav. Hueber, Provis.
Gratnertshofen, Herr Joseph Peisl, Pfarrer
 Herr Michael Prattnacher, Provis.
Isewang, P. Stephanus Burgmayr, Ord.
 Cist. Profess. in Fürstenfeld, Pfarrvicar.
Rottalting, Herr Peter Schäffer, Pfarrer.
Rottgetsring, Herr Lorenz Aichhorn, Benef.
Malching, P. Augustinus Bauweber, Can.
 Reg. Profess. in Bernried, Pfarrvicar.
Mammendorf, der hochwürdig-wohledel und
 hochgelehrte Herr Joseph Ignatz Fischer,
 SS. Theol. Doct. Comes Palat. päpstl. und
 kaiserl. Immatricul-Notarius, dann chur-
 baierischer geistlicher Rath, Pfarrer.
 Herr Ignatz Sedlmayer, Coop.
Maysach, Herr Simon Nottensteiner, Pfarrer
Oberroth, Hr Franz de Paula Schäbl, Pfar.
Oberweickertshofen, Herr Judas Thad-
 däus Neumayr, Pfarrer.
Odelzhausen, Herr Anton Singer, Benef.
Pfaffenhofen an der Glon, Herr Johann
 Bapt. Sies, Pfarrer.
Prugg bey Fürstenfeld, P. Max. Schönberg
 Ord. Cisterc. Profess. in Fürstenfeld, Pfarrvic
Rottbach, Herr Joseph Oettl, Pfarrer.
 Herr Augustinus Kapelmayr, Provis.
Schwabhausen, Herr Joh. Georg Schenk,
 Pfarrer.
       Spielberg,

Spielberg, Herr Johann Bapt. Rasthofer,
   Benef.
Sulzemoß, Gerr Georg Waldherr, Pfarrer.
   Herr Johann Nep. Kammerlohr, Coop.
Walckertshofen, Herr Egidius Daubenberger, Pfarrer.
Welshofen, Herr Quirinus Mayr, Pfarrer.
Wenigmünchen, Herr Johann Nep. Meittinger, Pfarrer.

Ruralkapitul Erding.

Dechant, Herr Johann Caspar Länzl, Pfarrer
   zu Rieding.
Kammerer, Herr Franz Andreas Eissenreich,
   Pfarrer zu Eitting.
Altenärting, der hochwürdig-und hochgelehrte Herr Augustin Ruedorffer, J.U.L. Pfarrer.
   Hrn. Sebast. Cremens, Frühmesser u. Benef.
      Karl Lang, Benef.
      Johann Christian Müller, Benef.
      Aloysius Diemer, Benef.
      Johann Georg Homayr, Coop.
      Thomas Nidermayr, Comendista.
      Georg Schauer, Curatus.
Aufkirchen bey Aerding, Herr Heinrich
   Nasen, Pfarrer.
   Hrn. Antonius Vidolino, Coop.
      Bartholomäus Strixner, Provil.
Eitting, siehe Kammerer, Pfarrer.
   Herr Felix Krapf, Coop.
Eschelbach, der hochwürdig- und hochgelehrte
   Herr Ludwig May. Daysul, J.U.L. Pfarrvic.

Frauenberg,

Frauenberg, der hochwürdig- und hochgelehrte Herr Caspar Hüllmayr, SS. Theol. Lic. Pfarrer.
Herr Joseph Strauß, J.U.Lic. Coop.
Grünbach, Herr Johann Jakob Lenz, Benef.
Hörgerstorf, Herr Franz de Paula Ziegler, Curat.
Langengeißling, Herr Matthäus Tiburtius Mayr, Pfarrer.
Langenpreising, Herr Aloys Steib, Pfarrer.
Herr Nicolaus Nagel, Provis.
Niederding, Benef. vacat.
Noxing, Herr Johann Nep. Dafinger. Ben.
Perglehrn, Herr Heinrich Stigler, Pfarrer.
Pockhorn, der hochwürdig- und hochgelehrte Herr Dominic. Ruedorfer, SS.Th.Lic.Pfar.
Hrn. Franz Xav. Schwibacher, Coop.
Franz Xav. Schiller, Coop.
Potgenberg, Herr Andreas Knilling, Pfarrer.
Rapotskirchen, Herr Jos. Moßmiller, Pfarrer.
Reichenkirchen, der hochwürdig-hochwohlgebohrne Herr Johann Nepom. Freyherr von Muggenthal, Pfarrer.
Rieding, siehe Dechant, Pfarrer.
Herr Caspar Triller, Provis.
Thallheim, Herr Wolfgang Heurainer, Ben.
Herr Adamus Abel, Provis.
Walpertskirchen, der hochwürdig- wohledel und hochgelehrte Herr Johann Ferdinand Pfätisch, SS. Theol, Exam. & Approbat. Pfarrer. v. p. 51.

Herr

Herr Joseph Sepp, Coop.
Wattenberg, Herr Jakob Schmid, Pfarrv.
Herr Valentin Englorecht, Benef.
Wifling, Herr Joseph Heindl, Pfarrer.
Wörth, Herr Sebastian Pranger, Pfarrer.

Ruralkapitul Freysing.

Dechant, der hochwürdig - wohledel und hochgelehrte Herr Joseph Krimmer, SS. Th. Lic. Stadtpfarrvic. in Freysing. v. p. 25.
Kammerer, Herr Johann Paul Waller, Pfarrvicar. bey St. Andreä.
Allertshausen, P. Martinus Thallhauser, Ord. Præm. Profess. in Neustift, Pfarrvic.
Crandsperg, Herr Franz de Paula Lipp, Pfar.
Eching bey Neufahrn, der hochwürdig - und hochgelehrte Herr Johann Caspar Aepflböck, J. U. Lic. Pfarrer.
Herr Josephus Wachter, Provis.
Freysing bey St. Georgen, siehe Dechant, Pfarrvicar.
Hrn. Antonius Norbert Asam, Frühmesser.
    Joseph Soyter, auf der Wiß Curat.
    Hagischer Benef. Vacat
    Franz Ostermayer, Pollingischer Benef.
    Antonius Haßner, Ortischer Benef. Curatus im Krankenhaus.
    Herr Cajetan Ferdinand Schwelle, Benef. ad S. Spiritum.
    Michael Schalemayr, Coop.
    Sebastian Kramer, Provis.
    Johann Georg Wagner, Curat.

Freysing bey St. Andreä, siehe Kammerer, Pfarrvic.
Freysing bey St. Veit, Herr Melchior Penzkofer, Pfarrvic.
Fürholzen, der hochwürdig- und hochgelehrte Herr Johann Lazarus Lidl, SS. Theol. Lic. Pfarrer.
  Herr Peter de Alcandra Steer, Coop.
Greimertshausen, Herr Michael Krazer, Pf.
Haindelfing, P. Martinus Stiegler, Ordinis Præm. Prof. in Neustift Pfarrvic.
Humel, Herr Martin Auer, Pfarrer.
  Herr Joseph Freysinger, Coop.
Kühn- und Burghausen, Herr Christoph Cronschnabel, Pfarrvic.
Massenhausen, der hochwürdig-wohledel und hochgelehrte Herr Johann Georg Hackel, SS. Theol. Doct. Pfarrer. v. p. 26.
  Herr Andreas Gärtner, Coop.
Mosburg, Herr Sebastian Geigenberger, Pfarr-Rector.
  Hrn. Aloysius Cham, Frühemesser.
    Simon Obermayr, hacklischer Benef.
Neufarn, Herr Balthasar Brev, Benef.
Pippenhausen, P. Amandus Erber, O. S. B. Profeſſ. in Weihenstephan, Pfarrvicar.
Rest, Herr Nicolaus Mayr, Benef.
Sinzhausen, der hochwürdig-wohledel und hochgelehrte Herr Johann Ostler, SS. Theol. Lic. Pfarrvic. v. p. 26.
Thall, Herr Michael Hueber, Pfarrvic.

Thonstätten,

Thonstätten, Herr Adam Baumgartner,
  Pfarrvicar.
Thünzenhausen, P. Norbertus Hueber, Ord.
  S. Bened. Profeſſ. in Weihenstephan.
Dötting, P. Raphael Thaller, Ord. S. Bened.
  Profeſſ. in Weihenstephan.

Ruralkapitul Gündlkofen.

Dechant, Herr Georg Johann Baur, Pfarrer
  zu Pruggberg.
Kammerer, Herr Leonard Singer, Pfarrer zu
  Margaretenried.
Gammerstorf, Herr Sebastian Neumayr,
  Pfarrer.
Gündlkofen, der hochwürdig·u. hochgelehrte
  Hr. Joh. Georg Weich, SS. Th. Lic. Pfarrer.
  Herr Nicolaus Mayr, Coop.
Horgertshausen, Hr. Simon Blaſi, Pfarrer.
  Herr Simon Meiſinger, Coop.
Margaretenried, siehe Kammerer, Pfarrer.
  Herr Johann Jakob Mayr, Proviſ.
Maurn, Herr Johann Michael Breunl, Pfar.
  Herr Franz Xav. Jungker, Proviſ.
Ortel, Herr Franz Xav. Maß, Pfarrvic.
Pruggberg, siehe Dechant, Pfarrer.
  Hrn. Benedict Schnitzler, Coop.
    Joseph Kleſinger, Proviſ.
Schweinersdorf, Hr. Ant. Mittermayr, Pfar.
Tondorf, Herr Johann Bätzl, Pfarrvic.
Volkmanstorf, Hr. Johann Michael Hueber,
  Pfarrer.

Ruralkapitul Landshut.

Dechant, der hochwürdig-hochwohlgebohrne Herr Friederich Karl Henrich Freyherr von Kurg auf Bebenburg, des löbl. Collegiatstift St. Martin und Castuli Can. Cap. Stiftspfarrer, und hochfl.freysing.Obersthofkaplan.

Kammerer, Herr Joseph Dorsch, Pfarrer zu Geisenhausen.

Achdorf, Herr Norbertus Vöglmüller, Pfar.
Herr Petrus Hartmann, Provis.

Altenfrauenhofen, Herr Jakob Nidermayr, Pfarrer.
Hrn. Michael Haider, Coop.
Franz Xav. Caspar, Coop.
Jakobus Söckel, Provis.

Cronwinkel, Hr. Joseph Angerbauer, Benef.

Eching bey Landshut, Hr. Joseph Görstenecker, Pfarrer.
Hr. Bartholomäus Sailler, Coop.

Geisenhausen, siehe Kammerer, Pfarrer.
Hrn. Leonhardus Kolb, Coop.
Simon Kolmansberger, Provis.

Gramelkam, Hr. Joh. Michael Kölbl, Pfar.

Hohenegglkofen, Hr. Joseph Stromayr, Pfar.

Holzhausen bey Landshut, Herr Johann Simon König, Pfarrer.
Hrn. Franz Xav. Haßlböck, Coop.
Johannes Hermanskirchner, Coop.
Joseph Zarmann, Provis.

Jenkofen, Hr. Joseph Kolbinger, Churbaierischer wirkl. geistl. Rath. Benef.

Landshut

Landshut bey St. Jobst, der hochwürdig, hochwohlgebohrne Herr Franz Felix Freyherr v. Muggenthal zu Sinzhausen und Leibach, des hochadelichen Ritterordens St. Michaelis Commenthur, und Großkreuz, hochfürstl. Freysing. geistl. Rath, Stadtpfarrer.
Hrn. Heinrich Raith, Benef.
 Mathias Rockler, Benef.
 Ferdinand Cajetan Oberndorfer, Benef.
 Bartholomäus Wulmut, Benef.
 Ignatz Gebhard, Benef.
 Franz Xav. Mörtel, Coop.
 Joseph Bärenfelder, Coop.
 Michael Wiethaller, Coop.
 Isidorus Wiethaller, Capellan.
Landshut bey St. Martin, siehe Dechant.
 Hrn. Georgius Eisendorfer, Benef.
 Franz Andr. Raith, Stromerischer Benef.
 Martin Forster, Benef.
 Johannes Kirzinger, Coop.
 Sebastian Ley, Coop.
Landshut beym heil. Blut, Herr Cajetanus Adami, Pfarrvic. & Benef.
Landshut beym heil. Geist, Herr Bartholomäus Groß, Pfarrvic.
Münchsdorf, Hr. Joseph Kornmiller, Benef.
Vilsham, Hr. Johann Bapt. Lechner, Pfar.
 Hrn. Christoph Eisenhut, Benef.
 Johann Nep. Helm, Coop.
 Corbinian Widmann, Provis.
Vilslern, Hr. Johann Adam Kipshofer, Pfar.
 Hr. Andreas Pals, Coop.

Herr Benedict Oggl, Provis.
Zweykirchen, Hr. Johann Hueber, Pfarrer.

Ruralkapitul Miesbach.

Dechant, Hr. Johann Michael Levinius Kapp, Pfarrer zu Miesbach, und Parsperg, der gefreyten Reichsgraffschaft Hohenwaldegg Benef. und Fruhmesser, auch des löbl. Priesterhaus Miesbach Direktor.

Kammerer, Heer Georg Arnhofer, Pfarrer zu Hartpenning.

Gmund, P. Edmundus Jung, O. S. B. Prof. in Tegernsee, Pfarrvic.
  P. Ægidius Auracher, Coop.
  P. Columbanus Höfs, Provis.

Hartpenning, siehe Kammerer, Pfarrer.
  Hrn. Georg Mazzegger, Coop.
    Antonius Widmann, Provis.

Holzkirchen, Herr Johann Georg Perger, SS. Theol. Lic. Curat.
Herr Jakob Hammerer, Nockerischer Benef. und Fruhmesser.

Miesbach, siehe Dechant, Pfarrer.
  Hrn. Xistus Kerschenhofer, Benef.
    Joseph Erhard Fink, Coop.
    Christian Fend, Provis.
    Franz Caspar,
    Peter Thaller,
    Joseph Thaimer,   Curati.
    Joseph Schöpfer,
    Paul Pessenbacher,

Neukirchen, P. Remigius Köpflsperger, Can. Reg. Profeſſ. in Weyarn, Pfarrvic.
P. Ildephonſus Wörle, Coop.
Oberwarngau, Herr Johann Bapt. Kloiber, Pfarrer.
Hr. Martin Ignat. Rauſcher, Proviſ.
Oſterwarngau, P. Floridus Zacherl, Can. Reg. Profeſſ. in Weyarn, Pfarrvic.
P. Raymundus Fiſcher, Proviſ.
Otterfing, Herr Simon Kemeter, Pfarrer.
Herr Johann Evang. Mayr, Coop.
Piesenkam, Herr Joseph Göttl, Commend.
Reicherspeyrn, Herr Franz Thomas Adlgoß, Pfarrvic. & Teſtis Synod.
Herr Joseph Ignat Adlgoß, Proviſ.
Sachſenkam, Herr Franz Lang, Commend.
Schlierſee, Hr. Joh. Georg Habermayr Pfarrv Beneſ. vacat.
Herr Joseph Demmel, Proviſ.
Wahl, Herr Sebaſtian Katzmayr, Pfarrvic.
Wallenburg, Hr. Sixtus Kirſchenhofer, Beneſ.

Rurakapitul München.

Dechant, der hochwürdig ‑ hochwohlgebohrne Herr Franz Xav. Freyherr von Feúri in Hillingen und Biebelſpach, churbaieriſch geiſtl. Rath, Pfarrer bey St. Peter, auch Can. des löbl. Collegiatſtifts U. L. Frau.
Kammerer, der hochwürdig wohledel und hochgelehrte Herr Joseph Paul Sutor, SS. Th. Lic. churbaier. geiſtl. Rath, Pfarrer zu Aubing.

Hrn. Joseph Kirmayr, Coop.
    Martinus Krazer, Provis.
Forstenried, P. Arialdus Bauweber, Can. Reg. Profess. in Polling, Pfarrv. und Benef.
Herr Ignatz Simperl, Provis.
Gärching, Herr Corbinianus Humpel, Pfar.
Herr Nicolaus Westermayr, Provis.
Gauting Herr Michael Gschwandtner, Frühmesser.
Herr Simon Grueber, Benef.
Gülching, Herr Joseph Adam Schriba, Pfar.
Greffelfing, der hochwürdig = wohledel und hochgelehrte Herr Joseph Lederer, hochfürstl. freysingischer geistlicher Rath, Pfar.
Hr. Joseph Dallinger, Provis.
Hoflach, Herr Joseph Hueber, Benef.
Lochhausen, Hr. Franz de Paula Kölbl, Pfar.
Martinsried, Hr. Franz Ant. Fischer, Pfarrv.
Hr. Philipp Mayr, Provis.
Menzing, Hr. Conrad Raiser, Benef.
Mosach bey Veldmoching, Herr Martin Schmid, Benef.
München bey U. L. Frau, der hochwürdig- hochedelgebohrne Herr Felix v. Efner, SS. Th. Doct. Can. und Pfar. * exempt vom Ruralkapitul.
Hrn. Johann Bapt. Schmid, Coop.
    Joseph Munzenrieder, Coop.
München bey St. Peter, siehe Dechant.
Hrn. Franz Xav. Schärl, Benef.
   Andreas Raezer, Coop.
   Franciscus Wallner, Coop.

München beym heil. Geist, der hochwürdig-
   wohledel und hochgelehrte Herr Joh. Nep.
   May. Neusinger, J.U.D. Pfarrer. v. p. 27.
Herr Caspar Reischel, Coop.
Nymphenburg, Hr. Johann Lösch, Benef.
Pasing, Hr. Stephan Oeggl, Benef.
Pfaffenhofen am Pasperg, Herr Andreas
   Trappentreu, Pfarrer.
   Hr. Petrus de Alcantra Groß, Coop.
Planegg, Hr. Franz Anton Fischer, Benef.
Puechendorf, Hr. Maxim. Hueber, Pfarrer.
Puechheim, Hr. Benno Schmidramsl, Pfar.
   Hr. Georg Holzer, Provis.
Puellach, Herr Benno Sametsreiter, Benef.
Schleißheim, Herr Joseph Frölich, Benef.
Schwabing, Herr Phil. Eichler, Benef.
Sendling, Herr Franz. Xav. Konrad, Pfarr.
   Hrn. Georg Lobmayr, Coop.
      Ignatz Eysel, Provis.
Tallkirchen, Hr. Andreas Gilg, Benef.
Veldmoching, der hochwürdig= wohledel und
   hochgelehrte Herr Michael Forster, J.U.Lic.
   Pfarrer.
Herr Caspar Kirschenhofer, Coop.

Ruralkapitul Mosach.

Dechant, der hochwürdig=und hochgelehrte Herr
   Vitus Partl, SS.Th. Lic. Pfar. zu Mosach.
Kammerer, Herr Johann Martin Kraft, Pfarrer
   zu Gräfing.
Altenburg, Hr. Joh. Benno Sedlmayr, Ben.

Ebersperg, Hr. Joseph Michael Dollmann, Pfarrvic.
Emmering bey Gräfing, Hr. Joseph Hörmann, Pfarrer.
Hr. Carolus Kölbl, Coop.
Frauenneuharring, Hr. Paul Mimmel, Ben.
Glon, Hr. Joseph Maurus Doll, Pfarrer.
Hr. Benno Lechner, Coop.
Gräfing, siehe Kammerer, Pfarrvic.
Herr Johann Michael Müller, Provis.
Holzen, der hochwürdig- und hochgelehrte Hr. Franz Xav. Hueber, SS. Theol. Doct. Pfarrv.
Hrn. Joseph Druck, Coop.
Michael Hueber, Provis.
Mosach, siehe Dechant, Pfarrer.
Oberndorf bey Ebersperg, Hr. Melchior Zech, Pfarrvic.
Oelkofen, Hr. Johann Joseph Pierle, Ben.
Peyrn, Herr Servatius Soyer, Benef.
Prugg bey Gräfing, Hr. Egidius Wiehrl, Pfarrer.
Hr. Joseph Reitter, Provis.
Schönau, P. Ignatius Scheicher, Can. Reg. Profess. in Beyharting, Pfarrvic.
Hr. Sebastian Neithner, Coop.
Stainering, Hr. Joh. Georg Grätz, Pfarrer.
Hr. Melchior Gray, Coop.
Strausdorf, Hr. Phil. Jakobus Kleinsörg, Pfarrer.
Hr. Melchior Demel, Curat.

Ruralkapitul Oberföhring.

Dechant, der hochwürdig-und hochgelehrte Hr. Johann Bernard Gensberger, SS. Th. Lic. Pfarrer zu Oberföhring.
Kammerer, Hr. Anton Heillmayr, Pfarrer zu Pämkirchen.
Argeth, Hr. Balthasar Bruner, Pfarrer.
Ascham, Hr. Balthasar Seelmayr, Pfarrer.
Biberg, Hr. Franz Anton Hard, Pfarrer.
Creuzbuelbach, Hr. Clement Schmid, Benef.
Gastetg, Hr. Christoph Setzkorn, Benef.
   Hr. Joseph Niderreiter, Benef.
Grünwald, Hr. Johann Bapt. Glaß, Benef.
Haidhausen, Hr. Franz Jos. Büchelmayr, Ben.
Ismaning, Hr. Nonnosus Laurent. Herzenfroh, Pfarrer.
   Hr. Joseph Anton Sartor, Benef.
Kirchheim, Hr. Max. Joseph Heinrici, Pfar.
Neudeck ob der Au nächst München, P. Cirica Lucas, Ord. S. Franc. de Paula Pfarrv.
Niederhaching, Hr. Franz Perchthold, Benef.
Oberhaching, Hr. Mathias Kallinger, Pfarrv.
   Hr. Johann Georg Niedermayr, Coop.
   Hr. Georgius Deubelli, Provis.
Oberföhring, siehe Dechant, Pfarrer.
   Herr Joseph Simon, Coop.
Ottendtchl, P. Alipius Stirzer, Can. Reg. Profess. in Wayrn, Pfarrvic.
Pämkirchen, siehe Kammerer, Pfarrer.
Perg nächst Loreto, Hr. Mich. Reichl, Benef.
Perlach, Hr. Anton Mayr, Pfarrer.

Pogenhausen, Hr. Franz Georg Riedl, Pfar.
Kammerstorf, Hr. Joh. Ant. Lang, Frühmesser
Hr. Franz de Paula Kleiner, Benef.
Saurlach, der hochwürdig- hochgelehrte Herr
Johann Evang. Aichner, Ss. Th. Lic. Pfar.
Hr. Ignatius Rast, Supernum.
Taufkirchen bey Haching, Hr. Andreas
Maul, Commend.
Trudering, Hr. Anton Ostermayr, Pfarrer.

Archidiaconat Rottenbuch.

Amergau, P. Floridus Lachmayr, Can. Reg.
Profess. in Rottenbuch, Pfarrvic.
Hr. Michael Albl, Frühmesser.
Ettal, P. Petrus Schweiger, O. S. B. Profess.
in Ettal, Pfarrvic.
Gärmisch, Hr. Matthäus Sailer, Pfarrer.
Hrn. Johann Bapt. Eyrisch, Frühmesser.
Gabriel Kemeter, Brandischer Benef.
Johannes Hueber, Coop.
Christophorus Blauhut, Provis.
Franciscus Schandl; Curat.
Mittenwald, der hochwürdig-wohledel und
hochgelehrte Herr Stephan Prosper Obel,
Freysingischer geistlicher Rath, Pfarrer.
Hrn. Mathias Noder, Benef.
Mathias Glaß, Provis.
Georg Puchwieser, Curat.
Damasus Hornsteiner, Curat.
Marcellinus Händle, Curat.
Oberamergau, Hr. Michael Albl, Frühmesser.
Partenkirchen, der hochwürdig - hochgelehrte
Hr.

Hr. Nicolaus Pruner, SS.Th. Lic. Pfarrer.
Hrn. Mathias Polz, SS. Theol. Lic. Benef.
beym heil. Geist.
Philipp Göbl, Benef.
Anton Göbl, Göblischer Benef.
Mathias Wieser, Provis.
Mathias Sanweber, Provis.
Peuting, Hr. Franz Xav. Kuille, Pfarrer.
Hr. Corbinianus Spreng, Coop.

Ruralkapitul Sittenbach.

Dechant, der hochwürdig- wohledel und hoch-
gelehrte Herr Joseph Resch, SS.Theol. Lic.
Pfarrer zu Sittenbach, v. p. 26.
Kämmerer, der hochwürdig-hochgelehrte Herr
Thomas Ignatz Sifferlinger, SS.Th. Lic.
Pfarrer in Niderroth.
Altomünster, P. Simon Böck, O.S.Birgittæ
Prior und Pfarrer.
Aspach, Herr Egidius Weingartner, Pfarrer.
Gerlspach, Herr Martin Nißl, Pfarrer.
Großberghofen, Hr. Leonhardus Hueber,
Curat. expos.
Haunstatten, Hr. Peter Messerer, Pfarrvic.
Hettenhausen, Hr. Franz Ant. Pröbstl, Pfarrv.
Hirschhausen, Hr. Johann Georg Steinsber-
ger, Pfarrer.
Hirtlbach, Hr. Anton Praun, Pfarrer.
Jezendorf, der hochwürdig-hochgelehrte Hr.
Joh. Michael Pläbst, J. U, Lic. Pfarrer.
Hrn. Jos. Georg Schmid, Benef. primarius.
Franz Schreyer, Provis.
Jlmünster, Hr. Peter Messerer, Pfarrvic.

Hrn. Aloysi Pfeifer, Frühmesser,
　　Joseph Schmid, Provis.
Inderstorf, P. Sebastian Kazmayr, Can. Reg.
　Profess. in Inderstorf, Pfarrvic.
Kleinberghofen, Hr Wolfg. Widmann, Pfar
Lampertshausen, Hr. Thomas Sebastian
　Strack, Pfarrer.
Maria Pirnbaum, Hr. Barthol. Lieb, Benef.
　Hr. Stephanus Leist, Cap.
Niederroth, siehe Kammerer, Pfarrer.
Obermarbach, Hr. Barth. Baader, Pfarrvic.
Paunzhausen, Hr. Prosp. Ziechenaus, Pfarrv.
Petershausen, Hr. Jos. Simon Schmid, Pfar.
Pischldorf, Hr. Franz Xav. Demare, Pfar.
Reichertshausen bey Ilmünster, Hr. Jos.
　Nest, Pfarrvic.
Scheyrn, P. Maurus Krieger, Ord. S. Bened.
　Profess. in Scheyrn, Pfarrvic.
Sillenbach, Hr. Christoph Jos. Trutter, Pfar.
Sittenbach, siehe Dechant, Pfarrer.
　Hr. Franz Xav. Baumhackel, Coop.
Thann bey Ilmünster, Hr. Aloys Christa,
　Pfarrvic.
Vörnbach, Hr. Franz Xav. Mazzeger, Pfar.
Hr. Mathias Kratzer, Benef.
Weix, Hr. Franz Xav. Lachermayr, Pfar.
　Hrn. Johann Caspar Tristel, Benef.
　　Johann Bapt. Heincamer, Coop.
Westerholzhausen, Hr. Joh. Paul Ort, Pfar.
Wollmosen, Hr. Karl Andreas v. Eggs, Pfar.

Ruralkapitul Schwaben.

Dechant, der hochwürdig = wohledel und hoch=
gelehrte Herr Johann Caspar Kreſſierer, SS.
Theol. Doct. Pfarrer zu Schwaben, v.p.27
Kammerer, Hr. Joseph Bartholom. Poitner,
Pfarrer zu Anzing.
 Hrn. Franz Xav. Sternegger, Frühmeſſer.
  Franz Anton Poitner, Coop.
Egmating, Hr. Franz Martin Jakob, Pfar.
 Hr. Anton Kopp, Coop.
Finſing, Hr. Martin Singltinger, Pfarrer.
Gelting, Hr. Auguſtinus Spillmann, Benef.
Hechenkirchen, Hr. Caspar Stirzlmayr, Ben.
Hohenbrunn, der hochwürdig = wohledel und
 hochgelehrte Hr. Martin Auguſtin v. Hofſtät=
 ten, SS. Th. Doct. Protonot. Ap. Pfar. v. p. 26
 Hrn. Johannes Stirzer, Coop.
  Laurentius Seelmayr, Proviſ.
Nansham, Franz Xav. Haberl, Benef.
Neuching, Hr. Anton Piller, Pfarrer.
 Hrn. Johann Bapt Manhard, Benef.
  Erneſtus Schmid, Proviſ.
Pframern, Hr. Georg Sutor, Benef.
Schwaben, ſiehe Dechant, Pfarrer.
 Hr. Mathias Gerſtlacher, Frühmeſſer.
Sigertsbrunn, Hr. Franz Xav. Hernböck, Ben
Zornetting, der hochwürdig=hochedelgebohrne
 Herr Caspar de Zegaein, Pfarrer.
 Hrn. Mathias Rottenfueſer, Coop.
  Bartholomäus Hufeiſen, Coop.

Ruralkapitul Wasserburg.

Dechant, der hochwürdig-hochgelehrte Herr Anton Placidus Wurzer, J.U.Lic. Pfarrer zu Forstinning.
Kammerer, Hr. Benno Völk, Pfarrer zu Rieden.
Albaching, Hr. Thomas Bauer, Pfarrer.
　Hr. Martin Knilling, Coop.
Attl, P. Florianus Scheyrl, Ord. S. Bened. Profeſſ. in Attl, Pfarrvic.
Forstinning, siehe Dechant, Pfarrer.
　Hr. Jakobus Niderlocher, Coop.
Haag, Hr. Johann Andreas Polling, Benef.
　Hr. Andreas Hangatmayr, Spital-Benef.
Hechenlinden, Hr. Sebastian Scheller, Benef.
Isen, der hochwürdig-wohledel und hochgelehrte Hr. Carolus Staudigl, SS.Th.Doct. Can. und Pfarrer.
Kirchdorf bey Haag, Hr. Joseph Theodor Meichl, Pfarrvic.
Hrn. Joh. Bartholomäus Scher,　 ⎫
　Benedictus Mittermayr,　　　　⎬
　Petrus Deiniger,　　　　　　　⎬ Coop.
　Franz Xav. Schmid,　　　　　　⎭
　Marcus Freyberger, Provis.
Mehring, der hochwürdig-wohledel und hochgelehrte Hr Joseph Caspar Gaigl, J.U.Lic. Can. ad S. Wolfgang. Pfarrvic.
Mittbach, Hr. Joseph Bernard, Pfarrer.
　Herr Corbinianus Eberhard, Provis.
Ottenhofen, Herr Matthäus Weber, Benef.
Pastätten, Hr. Joseph Heinrich Steiger, Ben.

Pemering,

Pemering, der hochwürdig- und hochgelehrte
Hr. Henrich Netter, SS. Th. Doct. Pfarrer.
Pfaffing, Hr. Felix Dormayr, Pfar.
Hr. Johann Bapt. Hueber, Coop.
Puech am Puechrhain, der hochwürdig- und
hochgelehrte Hr. Jos. Schärl, SS. Th. Lic. Pf.
Hr. Johann Bapt. Hueber, Coop.
Rieden, siehe Kammer, Pfarrer.
Wayarn bey Isen, der hochwürdig-wohledel
und hochgelehrte Herr Joh. Nep. Hueber,
SS. Th, & SS. Can. Cand. Pfarrvic. v. p. 51.
Wasserburg, Hr. Jos. Ant. Schmid, Pfarrvic.
Hrn. Joseph Schmid, Spitalpfar.
 Lorenz Anton Schmaus, Benef.
 Ferdinand Köhlböck, Benef.
 Joseph Grundler, Benef.
 Leopoldus Steurer, Coop.
 Johann Georg Reitter, Coop.
 Ignatius Wenger, Provis.
 Sebastianus Pfliegler, Supernum.

Ruralkapitul Wolfratshausen.

Dechant, der hochwürdig-wohledel und hoch-
gelehrte Herr Joseph Clemens Braunmiller,
SS. Th. L. Pfar. zu Wolfrathshausen. v. p. 26
Kammerer, Hr. Joseph Schäbl, Pfarrer zu
Endlhausen.
Ascholding, Hr. Johann Angerer, Pfar.
Altkirchen, Hr. Caspar Wagner, Benef.
Amerland, Hr. Antonius Glaß, Benef.
Aufkirchen am Würmsee, Super. und Pfar.
vacat.

Deinig,

Deinig, P. Hermanus Bauer, Ord. Præm.
Profeſſ. in Schäftlarn, Pfarrvic.
Dingharting, Hr. Thomas Bauer, Pfarrvic.
Ergertshauſen, Hr. Leonard Haberl, Benef.
Egling, Hr. Nicolaus Mohr, Benef.
Endlhauſen, ſiehe Kammerer, Pfarrer.
Hr. Michael Meſſerer, Proviſ.
Geichſach, Hr. Petrus Anton Mayr, Pfarrvic.
Hr. Johannes Xav. Märk, Proviſ.
Hechenberg, Hr. Anton. Rauſcher, Pfarrvic.
Kimbſtorf, Hr. Sebaſtian Eiſen, Pfarrvicar.
Hr. Leonardus Kloſtermayr, Benef.
Hr. Joſephus Auracher, Proviſ.
Lenggrieß, Hr. Joh. Stephan Höcht, Pfar.
Hrn. Aloyſ. Reichhueber, Curat.
Sebaſtian Lindinger, Curat.
Johann Evang. Schropp, Curat.
Michael Seywald, Curat.
Minſing, P. Ignatz Schweiger, Can. Reg.
Profeſſ. in Beyrberg, Pfarrvic.
Tankirchen, P. Max. Grandauer, Can. Reg.
Profeſſ. in Dietamszell, Pfarvic.
Thannig, Hr. Joſ. Werther, Pfarrvic. u. Ben.
Hr. Mathias Hueber, Proviſ.
Tölz, der hochwürdig-hochwohlgebohrne Herr
Franz Xav. Freyherr von Ecker auf Kalling,
Käpfing und Lichteneck, hochfürſtl. Freyſing.
geiſtl. Rath, Pfarrer u. reſignirter Dechant.
Hrn. Martin Jäger, Benef.
Franz de Paula Graber, Benef.
Max. Studeni, Reichliſcher Benef.
Jakob Höger, Schöttliſcher Benef.
Hrn.

Hrn. Georg Amadeus Cammerlohr, Coop.
Antonius Popp, Provis.
Fr. P. Romanus Niedermayr, Tert.
Ord. S. Franc. Eremit. Nockerischer
Benef. auf dem Calvariberg.

Wolfrathshausen, siehe Dechant, Pfarrer.
Hrn. Jos. Raab, Langisch. Ben. u. Frühmesser.
Ferdinand Miller, Schloßbenefic.
Mathias Kagerer, Benef.
Joseph Augustin, Coop.
Joseph Wastermayr, Provis.

****

Fürstlich-Gräflich-und Freyherrliche
in-und ausländische Lehenleute und Vasallen des hochfürstl. Hochstifts Freysing.

Titl. Herr Franz Anton des heil. röm. Reichs Fürst und Probst zu Berchtesgaden.
Titl. Hr. Frobenius des H. R. R. Fürst und Abbt des kais. freyen Reichsstift St. Emeran.
Titl. Hr. Joseph Fürst von Schwarzenberg.

In Oesterreich.

Hrn. Ludwig Graf von Zinzendorf.
Joseph Graf von Starnberg.
Fr. Xav. Pockstainer, Freyh. v. Waffenbach
Nepomuck Pauer von Eckersfeld.
Friederich von Stibar zu Röllendorf.
Franz Stiller von Rosenegg.

Tyroll.

Hrn. Marquard von Welsperg zu Primör.
Franz Xav. Freyherr von Sternbach.

Steyermark.

Hrn. Maria Karl und Joseph Georg Graf von Saurau.
Joseph Ignatz Freyherr von Prandau.
Felix Freyherr von Pemler zu Steberg.
Franz Joseph von Klämpfl.

Krain.

Hrn. Graf Ernst von Auersperg.
Graf von Lamberg.
Franz Freyherr v. Wolkensperg, genannt Oblack.
Joseph Lorenz von Wernegg.
Joseph Lorenz von Perwald.
Joseph von Dempscher.

Baiern.

Hrn. Maximil. Graf von Seinsheim.
Maximil. Graf von Preufing, Erbschenk.
Maximil. Graf von Preufing.
Sigismund Graf v. Spreti zu Weilbach.
Titl. Freyle Leopoldina Gräfin von Ruepp.
Frau Maria Ignatia Gräfin von Lerchenfeld. Prenneberg, gebohrne Freyin v Gumppenberg
Hrn. Anton Graf von Törring zu Seefeld.
Emanuel Ludwig Graf von und zu Leonroth, auf Ditenhofen und Thallhausen.
Hieronymus Graf von Lodron zu Haag.
Jos. Graf v. Rheinstein und Tattenbach.
Niclas Freyh. v. Pienzenau, Erbmarschall.
Graf von Seyboldstorf, Erbtruchseß.
Frau Gräfin von Seybolostorf, gebohrne Gräfin von Wolkenstein.

Hrn.

Hrn. Freyherr von Weichs, Erkammerer.
    Christoph Daniel Freyherr von Ecker.
    Hieronymus Graf von Spreti.
    Freyherr von Berchem zu Pasing.
    Freyherr von Geböck zu Arnbach.
    Theodor u. Franz Xav. von Ingenheim.
    Freyh. v. Lerchenfeld zu Oberbrennberg.
    Freyherr von Lösch zu Hilgertshausen.
    Freyherr von Mayr.
    Freyherr von Boißl.
    Freyherr von Ruffin.
    Freyherr la Fabrique.
Frau Freyfrau von Schrecksleben zu Inkofen.
Hr. Freyherr von Zech.
Frau Freyfrau von Wolframstorf, gebohrne
    Reichsfreyin von Hornstein.
Von Klingensperg.
Von Schneider, Gebohrne von Barbier.
Albrechtin, Gebohrne von Küchel.
Hr. Mathias von Mayr.
    von Schmädl.
    von Ruppert von Braun.

Lehenträger der Stifter, Klöster, und Stiftungen.

Hr. Matthäus, Abbt zu Admont, O. S. B.
Hr. Berchthold, Abbt zu Lamprecht und Ma-
    riazell, O. S. Bened.
Leprosenhaus zu Aichach.
Frau Priorin des Klosters Hochenau.
Hr. Abbt des Klosters Attl.
U. L. Frau Gottshaus zu Aufkirchen in Würmsee

Hr. Abbt zu Benedictbaiern.
Hr. Probst des Klosters Beyharting.
Collegiatstift U. L. Frauen zu München.
Collegiatstift St. Wolfgang am Burgholz.
Hr. Probst zu Dietramszell.
Hr. Abbt zu Ettal.
Collegiatstift zu St. Veit ob Freysing.
H. Geistspital zu München, Bruderhaus allda.
Hr. Probst des Klosters Neustift.
Kloster heil. Kreuz zu Regensburg.
Hr. Abbt zu Scheyrn.
Hr. Probst zu Wayarn.
Hr Abbt des Klosters Weihenstephan.

Bürger, Lehenleute, und Lehenträger
in verschiedenen churbaierisch. Ortschaften.

Amtsreiter.	Grueber.
Asam.	Gundlshamer.
Baur.	Haberl.
Bruckmayr.	Hafner.
Brunauer.	Hecher.
Deutschl.	Hilgerreiner.
Eberl.	Hueber.
Eder.	Keller.
Emelin.	Kiezeder.
Ernst.	Kümshofer.
Ertl.	Klaß.
Finkenzeller.	Knitl.
Fischhaber.	Kranz.
Furtner.	Langenecker.
Gampenrieder.	Leuthmayr.
Grätzel.	Lex.
	Märtl.

Märtl.	Schäffler.
Marrer.	Schayderer.
Maurer.	Schetell.
Mayr Wolfgang.	Schmid.
Mayr zu Weichs.	Schmoz.
Müller.	Seidel.
Moll.	Seitz.
Niedermayr.	Steinbrecher.
Nottensteiner.	Sterr.
Obermayr.	Sterzer.
Pachmayr.	Stimlmayr.
Pentenrieder.	Stimpel.
Pögl.	Streber.
Praun.	Strobel.
Prindl.	Vogt.
Pucher.	Wagenknecht.
Rachel.	Weichsel.
Riederer.	Wihrl.
Reinfelder.	Winniger.
Ruedorfer.	Würthmann.
Sayder.	

In den Hofürstl. Freysingischen Orts- Graf- und Herrschaften zu Freysingen.

Bauweber.	Steer.
Brduschaft.	Wehrle.
Passauer.	Zapfen- u. Weingast.
Reischel.	Recht.

Ismaning.

Hauser.	Müller.
Hutterer.	Trappentreu.
Maurer.	

Burg-

Burgrhain.

Braun.	Kürmayr.
Ebner.	Maurer.
Fischer.	Pründl.
Göttner.	Wagner.

Isen.

Härtl.	Scheyrl.
Held.	Schiltmayer.
Kölbl Can.	Soyer.
Luz.	

Werdenfels.

Klöck.	Hibler.

Waidhofen in Oesterreich.

Annatshofer.	Mäzenberger.
Baumgartner.	Neuenberger.
Dieninger.	Pfaffeneder.
Feuertauf.	Pfaffeneder.
Fehringer.	Pfaffenbichler.
Furtner.	Pfändl.
Gererstorfer.	Pichler.
Gimpl.	Postpfleger.
Haberfelner.	Pruckmüller.
Häßlinger.	Pruckschwaiger.
Hochedlinger.	Puchmayr.
Huml.	Stäbel.
Huckersperger.	Stöcklinger.
Kirchweger.	Schlaglhofer.
Kreilhofer.	Schmider.
Leutner.	Stelzeneder.

Inching in Tyroll.

Achamer.	Egger.
Aichner.	Gailler.
	Hibler.

97

Hibler.	Peyrl.
Insacher.	Podner.
Kinbacher.	Purger.
Koster.	Piedler.
Lanz.	Tallmann.
Mayr.	Tassenbacher.
Muttermayr.	Told.
Poll.	Wiser.
Paprian.	Zwiglhueber.

Oberwelz in Obersteur.

Bischof.	Ratschiegl.
Feller.	Radlmayr.
Höller.	Scharfeger.

Lack in Krain.

Damscher.	Kakowitz.
Größl.	Rasp.

****

Verzeichniß,
wie die Posten in der hochfl. bischöfl. Residenzstadt ankommen, und wieder abgehen.

Ankommende Posten.

Sonntag Morgens um 7 Uhr.

Die Oesterreichische Post, welche mitbringet die Briefe aus ganz Ungarn, Kärnthen, Krain, Oesterreich, über Wien, Linz, Burghausen, Braunau, Altenötting.

Sonntag Abends.

Die Reichspost aus ganz Schwaben, Franken, Schweitz, Frankreich, Würtenberg, und der Orten.

Montag Abends um 7 Uhr.
Die holl- und englische Post über Frankfurt, Dillingen und Ellwangen, die Italienisch und Tyrollische über Mittenwald, Benedictbaiern: Item die Regenspurger mit den Oberpfälzischen Briefen, als von Amberg, Sulzbach, Neumarkt, Pfaffenhofen, Ingolstadt, Kellheim, Neuburg und Neustadt.

Dienstags Morgens um 7 Uhr.
Die Böhmische Post mit den Briefen aus Schlesien, Mähren, über Prag, Landshut.

Dienstags Abends um 7 Uhr.
Die Posten von Bodensee durchs Algey: item die Briefe von Tölz, Rosenheim und Abling.

Mittwoch Morgens um 7 Uhr.
Die Post von der Mosel und Wetterau, aus ganz Sachsen, Franken und aus der Schweiz, Preißgau, und Oberschwaben, wie auch aus dem Ries.

Donnerstag.
An diesem Tage kommen ordentlich keine Briefe an, außer mit extra Gelegenheit.

Freytags Nachts um 7 Uhr.
Wie Montag Nachts um diese Stund, samt den Benedictbairer- und Tyroller Briefen.

Samstag Nachts um 7 Uhr.
Die Salzburgische Post über Reichenhall, Traunstein, Wasserburg, und Ebersperg, das übrige wie Dienstag zu Nacht.

Sonntag Morgens um 7 Uhr
Wie Dienstag Frühe über Landshut.

Abge-

Abgehende Posten.

Täglich geht eine Post in der Frühe nach München, es sollen aber die Briefe den Tag zuvor Abends aufgegeben werden, weil man die Stund so gewiß nicht wissen kann.

Sonntags Morgens um 7 Uhr.

Die Post in Böhmen, Mähren, Schlesien über Regensburg, Amberg, Prag, Brün und Breslau.

Sonntag Nachmittags um 1 Uhr.

Die Holl- und Engelländische Post über München und Augsburg, Dillingen, Ellwangen Frankfurt, in die Wetterau und Westphalen über Oettingen, Nördlingen, Nürnberg, in ganz Franken und Sachsen.

Montag Morgens um 7 Uhr

Nach Pfaffenhofen, Ingolstadt, Geisenfeld, Kellheim, Regensburg, Straubing, Passau, Linz, Wien: nacher München, Augsburg, Nürnberg, Eichstätt.

Dienstag Morgens um 7 Uhr.

Die Oesterreichische Post über Altenötting, Braunau, Burghausen, Grätz, in Kärnten, Krain, Friaul, die Salzburger über Wasserburg, Traunstein, die Tyroller-und Italienische über Inspruck.

Dienstag Nachts.

Wie Sonntag Mittags über Landshut, Regensburg, Amberg, Prag, und so weiter.

Mittwoch Morgens um 7 Uhr.

Die Niederländisch- und Sächsische Post über Augsburg, Dillingen, Ellwangen, Frankfurt, Cölln, Bonn, Münster, nach Oettingen, Nördlingen und dasiger Gegend.

Donnerstag nichts, als wie am Sonntag.

Freytag Morgens um 7 Uhr.

Nach Benedictbaiern, Mittenwald, bis Insprug: item nach Augsburg, Nürnberg, Strasburg, Lion, Paris: die Regensburger Post über Pfaffenhofen, Ingolstadt, Geisenfeld, Neustadt, Linz und Wien.

Samstag Morgens um 7 Uhr.

In ganz Tyroll und Italien, in die Schweiz und Preisgau, über Ulm, Memmingen, Schafhausen, die Post nach Wasserburg, Traunstein und Salzburg.

Samstag Nachmittags.

Wie Dienstag Nachts über Landshut, Regensburg, Passau.

Der Postwagen kommt alle Samstag Abends um 9 Uhr von München an, und geht sogleich wieder nacher Regensburg, von wannen solcher Mittwoch in der Frühe zurückkommet, und nach München sogleich abfährt, mit dieser Gelegenheit kann man allenthalben Personen, Gelder und Waaren gegen leidentliches Porto fortbringen.

Anzeig

Anzeig der Landbothen,

wie dieselbe in allhiesiger Residenzstadt Freysing ankommen, und wieder nach München und andere Orten abgehen.

Nach Augsburg.

Fahret von hier einer alle Wochen, als am Mitwoch Vormittags um 9 Uhr ab, und kommt alle Samstag Abends wieder zurück.

Nach München.

Fahret von hier einer alle Wochen 2 mal, als am Montag Vormittag um 10 Uhr, und kommet am Dienstag Abends wieder zurück. Dann am Freytag fahret er ebenfalls um eben diese Zeit wieder ab, und kommet am Samstag Abends wieder zurück.

Von Amberg.

Kommt alle 3 Wochen ein fahrender Both an einem Donnerstag Abends, hat seine Einkehr beym Aufleger, fahret am Freytag wieder nach München ab. Sonntag Abends trift er allhier wiederum ein.

Es kommt auch alle 3 Wochen ein gehender Both, trift an einem Freytag Abends allhier ein, hat die Einkehr beym Heigl Bierbräu, Samstags Früh gehet er nach München, kommt Sonntag Abends wieder zurück.

Von

Von Erding.

Kommt wochentlich ein fahrender Both, als Erchtag und Freytag, kehret ein beym Bräu auf der Lauben.

Von Landshut.

Kommen wochentlich drey fahrende Bothen, als der erste Erchtag Abends, hat seine Einkehr beym Pauli-Mayr Bierbräu, gehet am Mitwoch Früh wieder ab, und am Freytag Abends kommt er zurück.

Der zweyte kommt am Donnerstag Abends, kehret beym Aufleger ein, Freytags Früh fahrt er nach München, kommt am Sonntag Abends zurück.

Der dritte kommt am Samstag Abends, kehret beym Jungen Bräu ein, am Sonntag Früh fahrt er nach München, kommt Dienstag Abends wieder zurück.

Von Passau.

Kommt alle 4 Wochen ein gehender Both allhier durch nach München, kehret ein beym Hausüber Bierbräu, hat keinen gewissen Tag zum Ankommen.

Von Regensburg.

Kommt alle Sonntag einer gegen Mittag, fahret aber diesen Tag wieder nach München, er kommt auch bisweilen diesen Tag gegen der Nacht, kehret ein beym Geßwein, fahrt am Montag Frühe wieder ab, trift Dienstag Abends wieder ein.

Von Straubing.

Kommen zwey Bothen alle 8 Täg wechselweis an einander, am Mitwoch Abends treffen sie ein, und haben ihre Einkehr beym Jungen Bierbräu, am Donnerstag Frühe fahren sie nach München ab, Freytag Abends kommen sie wieder zurück an.

Von Ingolstadt.

Kommt ein gehender Both alle Mitwoch, loschirt beym Max in der Lucken, geht Freytags wieder zurück.

Von Mapurg.

Kommt ein Both alle Donnerstag Abends allhier an, loschirt beym Bärenwirth, gehet Freytags Früh nach München ab, kömt Samstag Abends wieder zurück.

Index

Index Parochiarum.

A.

Achdorf	76
Albaching	88
Allertshausen	73
Altenburg	81
Altenärting	71
Altkirchen	89
Altomünster	85
Altenfrauenhofen	76
Ambs	60
Amergau	84
Amerland	89
Angath	61
Anzing	87
Argeth	83
Arnbach	69
Ascham	83
Aschbach	85
Ascholding	89
Attenkirchen	60
Attl	88
Au bey Aybling	61
Aubing	79
Aufkirchen bey Aerding	71
Aufkirchen an der Maysach	69
Aufkirchen am Würmsee	89
Auerdorf	61
Aybling	62
Aying	62
Adelshofen	69

B.

Beyrbach	67
Biberg	83

C.

Crandsperg	73
Creuzholzhausen	65
Creuzbuelbach	83
Cronwinkel	76

D.

Dachau	65
Deining	90
Dinglharting	90
Dorfen	67

E.

Eberspeint	67
Ebersperg	82
Ebertshausen	69
Eching bey Landshut	76
Eching bey Neufarn	73
Egenburg	69

Egen-

Index Parochiarum.

Egenhofen	69	Gasteig	83
Ergertshausen	90	Gauting	80
Egling	90	Geisenhausen	76
Egmating	87	Geling	87
Einspach	69	Gerlspach	85
Eitting	71	Getting	62
Eilbach	62	Giebing	65
Emmering bey Gräfing	82	Gilching	80
		Sindlkofen	75
Emmering bey Fürstenfeld	69	Günzelhofen	69
		Gloug	82
Envlhausen	90	Gmund	78
Eschelbach	71	Gräflfing	80
Esting	69	Gräfing	82
Ettal	84	Greinertshofen	70
F.		Gramelkam	76
Fagn	62	Greimertshausen	74
Finsing	87	Grünbach	72
Flindspach	62	Grüntegernbach	67
Forstenried	80	Grünwald	83
Forstinning	88	Großberghofen	85
Frauenberg	72		
Frauenneuharting	82	**H.**	
Frauenried	62	Haag	88
Freysing	73	Haag oder Lichtenhaag	60
Fürholzen	74		
G.		Haidhausen	83
Gaissach	90	Haimhausen	65
Gammerstorf	75	Haindlfing	74
Gärching	80	Hartpennig	73
Gärmisch	84	Haunstätten	85
			Heberts-

Index Parochiarum.

Hebertshausen	65	Jlmünster	85
Hechenberg	90	Jnderstorf	76
Hechenkirchen	87	Jnhausen	66
Höchenlinden	88	Jnkofen	60
Helfendorf	62	Jnzenmuß	66
Hettenhausen	85	Jrschenberg	62
Hirschhausen	85	Jsen	88
Hittlbach	85	Jsmaning	83
Hochenbrunn	87		
Hochenkammer	65	**K.**	
Hohenegglkofen	76	Kühn= und Burghausen	74
Hochenpercha	66	Kiffersfelden	63
Hochstätt	62	Kimbstorf	90
Hofkirchen	67	Kirchdorf bey Aybling	63
Hoflach	80	Kirchdorf bey Freysing	61
Högling	62	Kirchdorf bey Haag	88
Hörgerstorf	72	Kirchdorf am Waasen	63
Hörgertshausen	75	Kirchheim	83
Holzen	82	Kleinberghofen	86
Holzhausen bey Flindspach	62	Kolbach	66
Holzhausen bey Landshut	76	Kopfspurg	67
Holzkirchen	78	Kotalting	70
Hummel	74	Kotgeisring	07
J.		**L.**	
Jarzt	66	Lampertshausen	87
Jenkofen	76	Landshut	76
Jesewang	70		
Jetzendorf	85		

Langen-

Index Parochiarum.

Langengeißling	72	Mosen	67
Langenkampfen	63	Mosburg	74
Langenpreysing	72	München	80
Laus	63	Münchsdorf	77
Lengdorf	67		
Lengries	90	**N.**	
Lochhausen	80	Nandlstadt	61
		Neuching	87
M.		Nanshamb	87
Malching	70	Neudeck ob der Au	
Mammendorf	70	nächst München	83
Margarettenried	75	Neukirchen	79
Margarettenzell	63	Neufahrn	74
Maria Birnbaum	86	Niclasraith	63
Maria Stein	63	Niederding	72
Martinsried	80	Niederhaching	83
Massenhausen	74	Niederroth	86
Maurn	75	Nozing	72
Maysach	70	Nymphenburg	81
Marltein	63		
Mehring	88	**O.**	
Menzing	80	Oberndorf	82
Mispach	78	Oberföhring	83
Minsing	90	Oberhaching	83
Mittbach	88	Obermarbach	86
Mittendorf	66	Oberroth	70
Mittenwald	84	Oberamergau	84
Moching	66	Oberwarngau	79
Mosach	82	Oberweickershofen	70
Mosach bey Veld-		Odelzhausen	70
moching	80	Oelkofen	82

Oster-

Index Parochiarum.

Ostermünchen	63	Pfrämern	87
Osterwarngau	79	Pfronbach	68
Ottendichl	83	Piesenkam	79
Otterfing	79	Pippenhausen	74
Ottenhofen	88	Pischldorf	86
		Planegg	81
P.		Pockhorn	72
Pämkirchen	83	Pogenhausen	84
Pang	63	Poigenberg	72
Partenkirchen	84	Pörkirchen	66
Pasenbach	66	Praittenbach	64
Pasing	81	Prandenberg	64
Pastätten	88	Priell	75
Paunzhausen	86	Prugg bey Fürsten-	
Peuting	85	feld	70
Pellham	66	Prugg bey Gräfing	82
Pemering	89	Pruggberg	75
Perbling	63	Puech am Erlbach	68
Perg nächst Loreto	83	Puech am Puech-	
Perglehrn	72	thain	89
Perlach	83	Puechendorf	81
Pettershausen	86	Puechheim	81
Petersberg	63	Puellach	81
Peyrn	82	**R.**	
Pfaffenhofen an der		Rammerstorf	84
Glon	70	Rapotskirchen	72
Pfaffenhofen am		Rehrmosen	66
Pasperg	81	Reichenkirchen	72
Pfaffenhofen bey		Reichenspeyrn	79
Rosenheim	63	Reichertshausen bey	
Pfaffing	89	Attenkirchen	61

Reicherts-

Index Parochiarum.

Reichertshausen bey Illmünster	86	Stainberg	64
Rest	74	Stainering	82
Riding	72	Stainkirchen	68
Rieden	89	Strausdorf	82
Rosenheim	64	Sulzemoß	71
Rottbach	70		
Rumelzhausen	66	**T.**	
Ruprechtsberg	68	Tankirchen	90
		Tattenhausen	64
S.		Taufkirchen	68
		Taufkirchen bey Häching	84
Saurlach	84	Thall	74
Sachsenkam	79	Thallheim	72
Scheyrn	86	Thallkirchen	81
Schleißheim	81	Thännig	90
Schliersee	79	Thann bey Illmünster.	86
Schönau	82	Thiersee	64
Schwaben	87	Tölz	90
Schwabing	81	Thonstätten	75
Schwabhausen	70	Tondorf	75
Schweidenkirchen	61	Trudering	84
Schweinertsdorf	75	Tuntenhausen	64
St. Wolfgang	68	Thünzhausen	75
Schwindkirchen	68	**V.**	
Sendling	81	Velden	68
Sicilenbach	86	Veldkirchen	65
Sigertsbrun	87	Veldmoching	81
Sinzhausen	74	Vierkirchen	66
Sittenbach	86	Vilsham	77
Spillberg	71		

Index Parochiarum.

Vilslern	77	Weyern bey Isen	89
Visbachau	65	Weilbach	66
Volkmanstorf	75	Weir	86
Voldepp	65	Welshofen	71
Vörnbach	86	Wenigmünchen	71
Vötting	75	Westerholzhausen	86
		Wifling	73
W.		Wolfrathshausen	89
Wahl	79	Wolferstorf	61
Walkertshofen	71	Wollmosen	86
Wallenburg	79	Wörth	73
Walpertskirchen	72		
Wambach	69	**Z.**	
Wankenbach	61	Zellhofen	69
Wartenberg	73	Zolling	61
Wasserburg	89	Zorneting	87
		Zweykirchen	78

Register.

Register.

A.
Abbteyen	52
Abbtißinnen	55
Advocaten	33
Agenten	38
Alumni	60
Apothecken	12

B.
Bauamt	37
Beamte	41
Bräuamt	37
Beichtvater	11
Bereiter	19
Büchsenspanner	12

C.
Collegiatstifter	46
Chorvicarii	8
Chirurgus	12

D.
Domkapitul hochwürdiges	1
Domkapitlische Beamte	8
Dechaneyen und Pfarreyen	60
Dompreziger	8
Dombeichtvater	8

E.
Erbämter	9

F.
Futtermeisteramt	20

G.
Gärtnerey	16
Geheimes Cabinet	11
Geheime Räthe	23
Geistlicher Rath	25
Garderobermeister	14

H.
Hofmeisterstab Oberst.	10
Hofmarschallstaab. Oberst.	13
Hofrath	31
Hofkammer	35
Hofkaplän	11
Hoffourier	13
Hoflaquaien	19
Hofmusik	16

J.
Jägermeisteramt	21

K.
Kammerdiener	13
Kastenamt	37
Kelleramt	15
Kuchel-	

Kuchelamt	14	Stallmeisteramt	
L.		Oberst	18
Leibmedicus	12	Stadtmagiſtrat	44
Leibguarde	12	**T.**	
Lehenprobſt	34	Tafeldecker	15
Lyceum	59	Trompeter	19
		U.	
P.		Umgeltamt	38
Portier	13	Vicedomamt	40
Poſten	97	**Z.**	
S.		Zahlamt	36
Silberkammer	15	Zuckerbacherey	15

Es erachtet ſich der Verleger verbunden, einen jeden nach Standes Gebühr geziemend zu erſuchen, daß, wenn etwann ungeachtet aller möglichſt angewendeten Sorgfalt im gegenwärtigen hochfürſtl. Hofkalender und Schematiſmo einige Fehler in dem reſpective Namen, Range, Titeln, oder einiger Auslaſſung ſollten eingeſchlichen ſeyn, man dieſes nicht zur Ungunſt auslegen mögte. Sondern belieben wolle, ſolches zu künftiger behöriger Verbeſſerung dem Verleger bey Zeiten, und zwar längſtens bis Schluß des Monats Octobris ſchriftlich einzuſchicken.

www.ingramcontent.com/pod-product-compliance
Lightning Source LLC
Chambersburg PA
CBHW020909230426
43666CB00008B/1372